Vorwort

Paris, die elegante, opulente und charmante Metropole mit ihren 2,3 Millionen Einwohnern, ihrer 2.000 Jahre alten Geschichte und dem imposanten Eiffelturm, das ist nicht nur die sprichwörtliche »Stadt der Liebe«, nicht nur »la ville de lumière«, die Leuchtende, »une femme«, unbeschreiblich weiblich also, wie Josephine Baker sie beschrieb, oder »ein Fest fürs Leben«, wie Ernest Hemingway befand. Paris ist auch nicht nur die Stadt der Museen, Theater, Opern, Parfums und Modezaren, die Kapitale der »grandes avenues«, Gourmettempel, Straßencafés, die Heimat von Cancan und Moulin Rouge, von Akkordeon, Melancholie und Chanson.

Paris ist ebenso die Stadt der Ideen und Innovationen, oft in Kombination mit Tradition: Hier wurde die Freiheitsstatue für New York gebaut, der erste Büstenhalter oder der Spitzen-Tanzschuh erfunden. Nur von hier kommen heute Senf mit Champagner oder Popcorn mit Trüffel. Nur hier finden Sie Modeboutiquen mit eigenem Bierlabel, Innenausstatter mit Revueflair, Antiquitätenhändler mit Spiegeln aus Versailles, die einem Sonnenkönig gut zu Gesicht stünden, Lampen und Schmuck aus den Goldenen Zwanzigern, Schuhe, die weiblicher sind als jedes Dekolleté, Originalkleidung von Jackie Kennedy, Grace Kelly oder Audrey Hepburn. Hier wandeln Sie auf den Spuren Brigitte Bardots, Catherine Deneuves oder Sophie Marceaus. Und auch nur hier finden Sie die erlesensten Zutaten für die berühmte französische Küche – allerdings nicht immer dort, wo Sie es vermuten würden.

Dieses Buch lädt Sie ein, 111 faszinierende Geschäfte zu entdecken, mit elegantem Chic, erotischem Charme und verlockendem Geschmack. Von Trödel und Vintage bis zu den feinsten Delikatessen, von modernen Concept Stores für Kinder bis zu Kunst und Handwerk. Es lädt Sie ein, außergewöhnliche Inhaber und Inhaberinnen kennenzulernen, die stolz sind auf ihr Wissen und ihr Metier mit viel Liebe ausüben.

111 Geschäfte

1 Abou d'Abi Bazar

Uni out, Multi in

Eine Hose aus Marseille, ein Mantel aus Belgien, ein Schal aus Dänemark? Alles ganz easy. Unikollektionen sind out, Multikollektionen sind in. Nach diesem Motto gestaltet Patrick Aboukrat seine Boutique im Marais.

Voller Bewunderung und Sympathie beschreibt Verkäufer Laurent den Eigentümer und seinen Chef: »Er hat mit kleinen Jobs angefangen, war Verkäufer und Informatiker, er hat als Mathematiklehrer und als Pressefotograf gearbeitet. Davon konnte er aber nicht leben, und so hat er im Großhandel mit Kurzwaren Geld verdient, bei dieser Gelegenheit in die Kleiderindustrie hineingeschnuppert und gelernt, wie man Kleider herstellt und produziert. Er war bei der Gründung des Concept Stores ›Autour du Monde‹ mit dabei und suchte einen geeigneten Standort für ein Geschäft. Da entdeckte er das Marais und gründete Ende der 1990er Jahre Abou d'Abi Bazar. Dabei nahm er das Risiko auf sich, mit damals noch unbekannten, aber begabten jungen Designern zusammenzuarbeiten – wie Isabel Marant oder Paul und Joe. Das hat sofort funktioniert, sofort!«

Patrick Aboukrat hat ein Händchen dafür, Talente aus verschiedenen Ländern und Kulturen zu kombinieren. Das Resultat: originelle Modeneuheiten zu erschwinglichen Preisen. Authentisch, dem Zeitgeist entsprechend. Das spiegelt sich auch im Erscheinungsbild des Ladens wieder: modern, aber nicht anmaßend. Ein schöner Lüster, einige ausgewählte Fotografien von angesagten Künstlern zur Dekoration, auch in den Schaufenstern. »Bei uns ändern sich die Farben des Ladens nach den Farben der Kollektionen. Hier finden Sie Schuhe von NOË in 25 verschiedenen Farben, Taschen und Accessoires der Dänen Becksöndergaard, bunte Hosen aus Marseille von Reiko, Mäntel aus Belgien von Essentiel, Kleider im Ethnolook von Antik Batik ebenso wie Schmuck von Isabel Marant.«

Modischer Leichtsinn? Aber ja! Leichtsinn kommt von Leichtigkeit und Mode von modern.

Adresse 125 Rue Vieille du Temple, 75003 Paris, Tel. +33 (1) 42711326, www.aboudabibazar.com | **Anfahrt** M 8, Haltestellen Saint-Sebastien – Froissart & Filles du Calvaire | **Öffnungszeiten** Mo 10.30–13.45 Uhr & 14.30–19.15 Uhr, Di–Sa 10.30–19.15 Uhr, So 14–19 Uhr

2 Agnès B.

Kleider machen Kunst

The artist is present: Agnès B. ist der Laden einer studierten Künstlerin, die zudem Mode macht. Ihr Erfolgsrezept: eleganter Chic, Rock 'n' Roll und Bequemlichkeit. Direkt hinter Saint Eustache und Les Halles liegt fast surrealistisch das großzügige, lichtdurchflutete Geschäft – wie ein Künstleratelier mit mehreren Etagen.

»Ein Kleidungsstück ist dann gelungen, wenn man sich darin wohlfühlt. Es muss sich jeder Lust und Laune im Leben automatisch anpassen«, so Agnès B. Nach diesem Motto wandelte sie mit einem simplen Schnitt und ein paar einfachen Druckknöpfen ein Sweatshirt zur Jacke. Das Teil ging um die ganze Welt und wurde zu einem absoluten Must-have. Agnès B. schätzt gute Qualität: Tweed und Leinen, feinsten Jersey und Baumwolle, aber auch Jeans und Leder, schwarz-weiß gestreift oder mit Pünktchen. Die Palette reicht von femininer Damenkleidung mit kleidsamen Schnitten bis hin zu toughen Lederjeans und Motorradjacken.

In der ersten Etage gibt es derzeit eine CD- und DVD-Ecke mit Punkmusik, Präservative liegen gratis aus. Und man findet dort Siebdruck-T-Shirts mit unterschiedlichen Slogans. Auf der Einkaufstüte steht: »Give love!«

Agnès B. liebt jedoch nicht nur Werke von Menschenhand, sondern auch die Natur. Sie legt Wert auf ein möglichst umweltfreundliches und nachhaltiges Verhalten und hasst es beispielsweise, Wasser zu verschwenden: »Wasser ist wie Luft, wertvoll für alle.« So findet man direkt neben der Kasse eine von Philippe Starck designte Flasche für Leitungswasser, der Erlös geht an die Hilfsaktion »France Libertés« von Danielle Mitterrand.

Agnès B. ist kreatives Multitalent, schöpferischer Motor, geniale Stylistin und Mutter in einem. Es ist ihr gelungen, das Praktische mit dem Bequemen zu vereinen, ohne ihren Rebellengeist zu verraten. In allem, was sie tut, und in allem, was man von ihr trägt: Die Künstlerin ist anwesend.

Adresse 6 Rue du Jour, 75001 Paris, Tel. +33 (1) 45085656, www.agnesb.com |
Anfahrt M 4, Haltestellen Les Halles & Étienne Marcel | Öffnungszeiten Mo–Sa 10–19 Uhr

3 Alasinglinglin

Panzernetz als Filmkulisse

Hat der Gartenzwerg ein Recht auf ein zweites Leben?

Auf dem kleinen Marktplatz von Village Popincourt mit Fußgänger-Ambiente, neben der Rue Oberkampf und dem Satellit Café, wird es plötzlich bunt: Schon die Schaufensterpuppe aus den 1950er Jahren im Fenster, die Gartenbank und Kinderstühlchen vor dem Eingang machen neugierig auf mehr. Die Auswahl ist gigantisch und originell und reicht von den 1920er Jahren bis in die 1970er Jahre: Lampen und Leuchten, Koffer und Hüte, Nähkästchen und Spiegel, Rahmen und Gemälde, Schulmöbel und Globen, Straßen- und Geschäftsschilder, Landkarten und Metropläne, Musikboxen und Kaffeeservices, Schreibtische und Küchenmöbel, Liegestühle und Wohnzimmergarnituren, Telefone und Radios, Geschirr und viele andere Utensilien – allesamt modern, gebraucht und günstig. Und natürlich Gartenzwerge, die es noch einmal wissen wollen.

Mitinhaber Philippe betont: »Jedes Objekt hat eine Geschichte und stammt aus einer ganz bestimmten Zeit; typisch für damals, aber immer noch gefragt. Ein Gebrauchsgegenstand muss originell sein, sich aber gleichzeitig in die bestehende Einrichtung einfügen.« Wie zum Beispiel die Bistrogläser von Perrier, Suze, Cointreau, Ricard oder Pernot – alles alte Klassiker. »Von der ehemaligen Kaufhauskette Prisunic haben wir sogar einen Einkaufswagen und Leuchtreklamen. Das riesige Netz da oben ist zum Tarnen eines Panzers gedacht und gehörte der französischen Armee«, präsentiert Philipp das Interieur. Bei so viel Dekoration wird das Geschäft ab und an zur Filmkulisse. Junge Künstler, Musiker und Sänger drehen hier ihre Clips und Videos. »Manchmal organisieren wir auch kleine Ausstellungen – unser Laden lebt!«

Lebendig ist nicht nur der Laden, sondern die gesamte Nachbarschaft. Ein charmanter kleiner Platz mit ruhiger Atmosphäre, ideal zum Schnuppern und Stöbern. Alasinglinglin, das sind Philippe, Bruno und Nathalie, ein tolles Trödel Trio!

Adresse 1 Rue du Marché Popincourt, 75011 Paris, Tel. +33 (1) 43384554, www.alasinglinglin.com | **Anfahrt** M 5, 9, Haltestelle Oberkampf | **Öffnungszeiten** Di–Fr 12–19 Uhr, Sa & So 14–19 Uhr

4 A L'Elégance d'Autrefois

Und träum, es wär' Ihr Mund

»Die Eleganz von damals« – so heißt der entzückende Laden von Claudio Mancini direkt neben dem Vogesenplatz. Nostalgie ist Trumpf: Hier gibt es Kleidung, Hüte, Schuhe, Taschen, Unterwäsche, aber auch Herrenmode und Accessoires, alles von 1920 bis 1960, nach Jahrgang und Größe geordnet, zum Kaufen oder Ausleihen.

»Als ich im Jahre 2000 den Laden kaufte, fand ich verschiedene Ladenschilder von Vorbesitzern. Das älteste und schönste war eine Glasplatte von 1920. In goldenen Buchstaben stand da auf hellblauem Grund ein weiblicher Vorname: Marcelle. Zufällig besaß ich noch ein Telefonbuch von 1954 und suchte unter Rue du Pas-de-la-Mule. Damals waren die Telefonanschlüsse nach Straßen geordnet, erst ab 1956 nach Familiennamen. Ich hatte Glück – es gab fünf Personen mit Anschluss.«

Wenig später besuchte ein 80-jähriger Herr mit Tochter den Laden und war zutiefst gerührt. Als kleiner Junge hatte er die Zeit nach der Schule täglich bei seiner Mutter im Laden verbracht. Wie sich herausstellte, hatte Marcelle sogar eine eigene Schuhmarke kreiert. Drei Paar befinden sich heute in der Sammlung von Claudio. Einige atmosphärische Fotos von damals schmücken die Boutique.

In seinem Laden ist Claudio Herr über 25.000 Damen-, aber auch Herrenartikel. »Vom Ohrring bis zum Wintermantel, Strümpfe, Zigarettenspitzen, Handtaschen, Unterwäsche und Schuhe. Ich kaufe alles selber, reinige, repariere und bessere aus. Meine Kunden sind Privatleute, die sich gerne wie damals kleiden oder Sachen für eine Hochzeit ausleihen. Stylisten und Kostümbildner lassen sich von dieser Mode inspirieren. Oft werden Schuhmodelle kopiert oder Kostüme fürs Theater nachgeschneidert, weil sie zu empfindlich fürs ständige An- und Ausziehen sind.«

»Ich küsse Ihre Hand, Madame, und träum, es wär' Ihr Mund ...« So sangen 1928 recht galant die Comedian Harmonists, als die Eleganz noch nicht von damals war – und auch nicht die Qualität

Adresse 5 Rue du Pas-de-la-Mule, 75004 Paris, Tel. +33 (1) 48877884 | **Anfahrt** M 8, Haltestelle Chemin Vert, M 1, Haltestelle Saint Paul; M 1, 5, 8, Haltestelle Bastille | **Öffnungszeiten** Di – So 15 – 20 Uhr

5 Alice à Paris

Ich bin kein Baby mehr

Das Liliput der Phantasie. Schon von außen wird man neugierig: Im Schaufenster sieht es aus wie in einem sommerlichen Garten. Ein Rasen mit Gänseblümchen. Auf einer kunterbunten Wäscheleine hängen goldige T-Shirts, süße Bodys für Babys, Söckchen, Tuniken für Kleinkinder, Jäckchen für Mädchen, karierte Hemdchen für Jungs – wie für Große, nur in Klein.

»Ab einem bestimmten Alter wollen alle Kinder immer eine Nummer größer, älter, erwachsener sein: ›Ich bin kein Baby mehr, ich bin schon ein Schulkind!‹ Wir respektieren Kinder, aber kleine Erwachsene machen wir nicht aus ihnen. Mode soll Spaß machen und bequem sein«, so Salomé, die Verkäuferin. »Unsere Kreationen sind für Babys ab einem Monat bis hin zu Jugendlichen von 14 Jahren. Wir führen lustige, leichte Kinderkleidung, die den Eltern gefällt, den Kindern aber auch. Bei uns sind die Schnitte einfach, die Stoffe natürlich und nachhaltig. Wir schwören auf Baumwolle und Leinen.«

Die Innendekoration ist simpel – weiße Wände mit Holzregalen –, in der Mitte ein rustikaler großer Ladentisch aus Holz, auf dem verschiedene Kleidungsstücke dekorativ ausgebreitet sind. Darunter in kleinen Korbkisten die niedlichen Hemdchen – gestreift, gepunktet, mit Blumenmotiven; Söckchen in Pastellfarben; T-Shirts, Polos, Jeans, Cordhemden und -hosen. Alles aus Biomaterialien, farblich und nach Motiven sortiert. Neben der Eingangstür von links nach rechts im Uhrzeigersinn ist die gesamte aktuelle Kollektion nach Alter geordnet. Eine komplette Garderobe – unkompliziert und praktisch, mit Druckknöpfen, Elastik- oder Stoffbändchen als Verschluss, für Freizeit, Schule und Kindergarten. Aber auch kuschelige Schlafanzüge oder süße Bademoden und Shorts für Freizeit, Ausflüge, den Urlaub – und natürlich für die immer größeren, älteren, erwachseneren Abenteuer. Auch Alice im Wunderland ist schließlich kein Baby mehr.

Adresse 14 Rue de Sévigné, 75004 Paris, Tel. +33 (1) 42786689, www.aliceaparis.com | **Anfahrt** M 1, Haltestelle Saint Paul | **Öffnungszeiten** Mo 14–19 Uhr, Di–Sa 11–19 Uhr, So 13–19 Uhr

6 A ma table

An wessen Tisch sonst?

Gemeinsam zu essen, das ist pure Lebensfreude; mit schönem Geschirr wird es zum Fest. Hier finden Sie Inspirationen, jede Mahlzeit zu einem sinnlichen Erlebnis zu machen – mit Dekorationen, Geschirr, Vasen und Gläsern aus aller Welt. Bei »An meinem Tisch« finden Sie modernes Design, von Künstlern entworfen, von Keramikern und Kunsthandwerkern mit viel Liebe zum Detail realisiert.

Im Quartier Pigalle, direkt unter dem Montmartre, lädt das Geschäft von Deborah Guenoun zum Schnuppern ein. In loftartiger New-York-Atmosphäre findet man raffinierte Tischdekoration, komplettes Familienservice, aber auch einzelne Tee- oder Kaffeetassen, Kerzenleuchter, Blumenvasen, Stoffservietten, geblümt, gepunktet, pastellfarben, transparent oder gestreift. Ob mundgeblasen, graviert, lackiert oder gebrannt, aus Holz, Porzellan, Glas oder Kristall, für jeden Geschmack oder Bedarf ist das Richtige dabei. Ob aus England, Japan, Frankreich, Italien, Amerika oder Skandinavien, hier sucht man aus und kombiniert nach Lust und Laune.

Im Herbst 2013 eröffnete Deborah Guenoun ihren Laden und erfüllte sich damit einen langjährigen Traum. »Als wir hierher gezogen sind, gab es Geschirr nur in den großen Kaufhäusern oder aus Massenproduktion zu kaufen. Von Hand gemachtes, originelles Design in kleiner Auflage, wo auch das Preis-Leistungsverhältnis stimmt, gab es hier nicht. Bei mir können Sie bei Bedarf nachbestellen, denn schönes und qualitativ hochwertiges Geschirr ist haltbar und zeitlos.«

A ma table ist ein moderner Concept Store, hier wird das Tischdecken zur Kunst: mit fröhlichen Objekten von Margot Lhomme, Joseph Christopherson, aus dem Haus Jars, mit gefalteten Porzellanblättern, Kunstobjekten aus Kristall, Teebechern und Tassen von Karine und Jerôme Clinckemaillie. Warum nicht schon morgens beim Frühstück damit beginnen? Wenn nicht »an meinem Tisch« – an wessen Tisch sonst?

Adresse 72 Rue des Martyrs, 75009 Paris, Tel. +33 (9) 67404931, www.a-ma-table.fr, info@a-ma-table.fr | **Anfahrt** M 2, 12, Haltestelle Pigalle | **Öffnungszeiten** Mo–Fr 12–19.30 Uhr, Sa 10.30–20 Uhr, So 14.30–18 Uhr

7__Yves Andrieux et Vincent Jalbert

Mit Schirm, Charme und Methode

Ziemlich abgehoben: Aus alten Armeezelten, Fallschirmen und Militärstoffen entwickeln Yves Andrieux und Vincent Jalbert Prêt-à-porter-Kleidung für Damen und Herren, Dekorationsobjekte, Übergardinen und Reisetaschen. Eine flugfähige Idee, einzigartig und originell.

Wie es dazu kam? »Vincent hat schon immer Militäruniformen geliebt, auch den Stil der Redingote-Mäntel aus dem 18. Jahrhundert. Die machen eine schöne Silhouette, sind sexy. Andererseits sind die heutigen Stoffe extrem dünn. Sie gehen schnell kaputt, zerreißen, leiern nach dreimal Waschen aus. Alte Stoffe haben eine bessere Qualität. Ständig suche ich auf Flohmärkten nach Armeestoffen. Sie sind fest und solide, die halten was aus«, sagt Yves Andrieux.

Solch ein Zelt hat Regen und Sonne getrotzt, ist robust, wind- und wetterfest, ebenso die Fallschirme. Bei Yves und Vincent erhalten sie alle ein zweites Leben, sei es als Kleidungsstück, Rucksack, Reisetasche, Kissen oder Deko-Objekt. Die Stoffe werden gereinigt, bearbeitet, entfärbt oder neu eingefärbt, ausschließlich in Paris und garantiert umweltfreundlich. »Weil diese hochwertigen Stoffe so rar sind, produzieren wir nur kleine Serien oder Einzelstücke.«

Das Geschäft ist Atelier, Galerie und Showroom zugleich. Die Farben Grün, Grau, Khaki und Sand dominieren. Zu haben ist aber auch Blumiges und Besticktes. Überraschungseffekte auch im Interieur: Transportkisten vom Militär als Ausstellungstische etwa, kombiniert mit einem echten Kristalllüster. Im hinteren Teil des Ladens warten, fein säuberlich in Regalen gestapelt, Tausende von alten Stoffresten darauf, von Yves und Vincent zum Fashionteil recycelt zu werden – mit Schirm, Charme und Methode.

Da flieg ich drauf.

Adresse 55 Rue Charlot, 75003 Paris, Tel. +33 (1) 42711954, www.vincentjalbert.com | **Anfahrt** M 8, Haltestelle Filles du Calvaire | **Öffnungszeiten** Di – Fr 10–13 Uhr & 14–19 Uhr, Sa 11–19 Uhr

8 Androuët

Callas mit Biss

Alles Käse? Aber vom Feinsten! Und das seit Generationen: Im Jahr 1909 beginnt die Familiensaga Androuët unter Henri, Gründer des ehemaligen Hauses in der Rue d'Amsterdam. Er hatte es sich in den Kopf gesetzt, den unwissenden Parisern die Vielfalt und Reichhaltigkeit der verschiedenen Käsesorten aus ganz Frankreich zu präsentieren und den reifen Genuss an die Sinne zu bringen. In den 1920er Jahren eröffnet er einen entsprechenden Keller und lädt zu Wein- und Käseproben ein – mit damals immerhin schon über 100 Käsesorten. Alle Käseliebhaber kommen zum Rendezvous.

Anfang der 1930er Jahre löst sein Sohn Pierre ihn ab. In ganz Frankreich sucht er nach den besten Käsesorten direkt vom Bauern und Hersteller. Er wird zum leidenschaftlichen Käseexperten, erfindet Käserezepte, kocht, schreibt Bücher. Und er eröffnet ein Restaurant, in dem er seine cremigen, nussigen oder würzigen Schätze, flankiert von herrlichen Weinen, präsentiert. Und das mit Erfolg! Colette, Jean Gabin, Ernest Hemingway und Orson Welles werden zu Stammgästen, und selbst Maria Callas, große Käsefanatikerin, verschwindet oft in der Küche des Restaurants und lässt sich ihre »œufs brouillés« (dt. Rührei) – mit dem Käse ihrer Wahl zubereiten. Pierre Androuët ist ein generöser, ambitionierter Gastronom und Gastgeber – und in Sachen Käse eine wandelnde Enzyklopädie.

Das Bild bleibt unverändert; die lukullische Tradition floriert und lebt fort: Heutzutage gibt es sieben Geschäfte in Paris, vier in England und eines in Schweden. In einer der ältesten Straßen von Paris, in der Rue Mouffetard, befindet sich einer der schönsten Läden. Über 250 verschiedene Sorten Käse warten dort auf Sie, freundliche Bedienung und kompetente Beratung für das Gelingen eines köstlichen Käsefondues oder anderer Gerichte.

Das Sprichwort sagt: Käse schließt den Magen. Manchmal vielleicht. Bei Androuët hat man Lust auf mehr – ob cremig oder mit Biss.

Adresse 134 Rue Mouffetard, 75005 Paris, Tel. +33 (1) 45878505, www.androuet.com |
Anfahrt M 7, Haltestellen Censier – Daubenton & Les Gobelinsi | **Öffnnngszeiten** Di – Fr
9.30 – 13 Uhr & 16 – 19.30 Uhr, Sa 9.30 – 19.30 Uhr, So 9.30 – 14.30 Uhr

9 Les Années Scooter

Vespa mit Audrey Hepburn

»Wir verkaufen nur das, was uns selbst gefällt. ›Les Années Scooter‹ – das sind Gute-Laune-Objekte, lustige Farben, unkompliziertes Design, Fröhlichkeit im grauen Alltag«, so Philippe Devant, leidenschaftlicher Sammler und Inhaber. Seit über 20 Jahren gehört seine Liebe dem Trödel und den Altwaren. Eigentlich kommt er aus der Werbebranche, aber dort hat es ihm nicht lange gefallen.

Laden und Atelier befinden sich im Quartier hinter der Bastille. In den 1950er Jahren lebten hier viele Arbeiter und Handwerker. Es war ein Viertel mit Motorradgaragen und Holzwerkstätten. Devants Leidenschaft sind Scooter, vor allem die Vespa hat es ihm angetan. Die Marken Lambretta, Ducati, Maicomobil, Primavera, Solex sowie Fahrräder derselben Jahrgänge sammelt er allerdings ebenso. Die Damen sollen nicht zu kurz kommen. »Nur Mopeds und Mechanik, das wäre doch zu maskulin«, gesteht Philippe.

Fangen wir mit der Musikbox im Eingang an. Die Nostalgie nimmt kein Ende: Alte Ladenschilder, Möbel, Lampen, Plattenspieler für Singles und LPs, Küchenartikel, Lampenschirme, Reiseuhren, Radios, Garderobenständer, Werbeplakate für Vespas mit Audrey Hepburn oder Gilbert Bécaud, Benzinkanister, Reisekoffer, Kühlschränke – hier trauert man den Fifties wirklich nach. Auch Philippe findet: »Heutzutage sind doch die meisten Gebrauchsobjekte kompliziert und kalt.«

Philippe Devant kauft und verkauft auf der ganzen Welt. Ihrem Oldtimer gewährt er in seinem »Dépôt-vente« ein Obdach. Er stellt aus und lagert ein. Seine eigene Leidenschaft zum Wohle des Geschäfts, das ist sein Motto. Hinter dem Geschäft hat er ein Atelier, beziehungsweise eine Werkstatt. Ihr Zweirad ist müde, der Lack ist ab, es fehlt ein Teil? Philippe Devant kümmert sich darum. Abrakadabra – wie neu! Die Fröhlichkeit der 1950er Jahre – das ist Lebensphilosophie und Lebensart. Einfach gut gelaunt!

Adresse 23 Rue Faidherbe, 75011 Paris, Tel. +33 (1) 46594790, www.lesanneesscooter.com | **Anfahrt** M 8, Haltestelle Faidherbe – Chaligny; M 9, Haltestellen Charonne & Rue des Boulets | **Öffnungszeiten** Mo – Fr 10 – 19 Uhr

10 __ Artista
Voll im Bilde

Eine Goldgrube für den passionierten Lichtbildner: Artista, gegründet 1930, ist ein Familienunternehmen seit drei Generationen:
»Wir hatten schon immer einen wichtigen Platz im Bereich Fotografie«, so Inhaber Philippe Romillon mit gebührendem Stolz.»Bis
zum Krieg haben wir Fotoapparate importiert – wie SEM, Voigt-
länder, Großbildkameras –, aber auch Lampen, Entwickler und
Dunkelkammermaterial für Profis. Vieles haben wir selbst hergestellt. Unsere zweite Spezialität ist das professionelle Aufziehen von
Fotos auf Karton und Holz. Seit den 1960er Jahren haben wir uns
auf die Produktion und den Verkauf für den Verbraucher konzentriert. Kleben und aufziehen tun wir aber immer noch.«

Der Laden befindet sich ganz in der Nähe des »Institut Supéri-
eur des Arts Appliqués« in der Rue Mouffetard. Alles, was man
tun muss: Bei Artista klingeln, durch den Innenhof gehen, eine
steile Steintreppe hinaufklettern. In Paris warten oft solche Über-
raschungen hinter versteckten, verriegelten Eingangstüren. Denn
siehe da: Es öffnet sich ein analoges Paradies in digitalen Zeiten
für alle Profi- und Amateurfotografen, die noch mit Filmmaterial
arbeiten, selbst entwickeln und abziehen, Fotos rahmen und aufziehen.

Hier gibt es Präsentationsmappen, Kartons, Plastikhüllen, Port-
folios, Filter, Gelatinerollen, flüssige Farben, um Schwarz-Weiß-
Abzüge zu kolorieren, Plastik- und Barytpapiere, Vergrößerungs-
apparate, Transport-, Stativ- und Studiomaterial. Philippe Romillon
und sein Team sind Meister ihres Fachs. Nur keine Angst vor wei-
ßen Arbeitskitteln – Ihr altes Foto ist in besten Händen. Auch ver-
gilbte Passepartouts aus Omas Lieblingsalbum werden feinsäuber-
lich restauriert und neu geschnitten.

Warum nicht einfach selber mal ein altes Bild »liften« oder ein
neues Kunstwerk schaffen? Hier ist alles voll im Rahmen – und Ihr
Bild goldrichtig.

Adresse 72 Rue Mouffetard, 75005 Paris, Tel. +33 (1) 43364271, www.artista.fr,
contact@artista.fr | **Anfahrt** M 7, Haltestellen Censier – Daubenton & Place Monge |
Öffnungszeiten Mo – Sa 9 – 12 Uhr & 13.30 – 18.30 Uhr

11 Atelier du Pélican

Kunstvoll aus Karton

Treten Sie ein in die lebendigen Wellpappewelten von Claude Jeantet und Gilles Ronin! Parallel zur überdachten Galerie Véro-Dodat neben dem Palais Royal befindet sich der außergewöhnliche Laden, in dem kleine Äffchen, Hunde, Schweinchen – aus Wellpappkarton entzückend gestaltet – augenblicklich das Herz erfreuen. Begeistert erzählt Claude Jeantet von ihrer Faszination für Wellpappe: »Seit 1984 bin ich eigentlich Architektin, habe mich aber schon immer für Recyclingmaterialien interessiert, insbesondere für Pappe und Karton. Ich habe eine ganz spezielle Technik entwickelt, die ich ›la marqueterie de carton‹ nenne.« Was die Arbeitsweise betrifft, geht sie ähnlich vor wie beim Modellbauen: »Zunächst schneide ich Streifen. Diese werden dann gerollt oder umwickelt, gestapelt und geklebt und schließlich aufgebaut zum Relief. So kann man plastisch arbeiten. Am liebsten mag ich Tiere.«

Seit vielen Jahren verfasst sie Beiträge für Fachzeitschriften in der Rubrik kreatives Handwerk. Ihr Erfindergeist kennt dabei keine Grenzen. In bisher neun Büchern beschreibt sie ihre Technik, ihr schöpferisches Können und Engagement für die Natur. Sie hat ihre Kreationen in verschiedenen Galerien und Museen ausgestellt und außerdem Ateliers für Kinder ins Leben gerufen.

Wellpappe und Karton sind für Claude eine Welt der unendlichen Möglichkeiten. »Man kann daraus fast alles machen, seien es Möbel, Objekte oder Design. Sie wollen gerne selber mal? Auch das ist bei uns möglich. Für kleine, individuelle Gruppen organisiere ich im Untergeschoss des Ladens Workshops.« Nach dem Motto: »Objekte für Kinder, von Erwachsenen gemacht« – hier kann man mit viel Spaß selbst kreativ werden. Claude Jeantet ist eine Virtuosin. Neben Kinderspielzeug kreiert sie auch elegante Bilderrahmen, Lampenschirme, Zeitungsständer, Schmuckschachteln, kleine Möbel und – als ihr Markenzeichen – Tiere. Die Natur freut sich über so viele neue Leben. Hier sind es locker mehr als sieben.

Adresse 10 Rue du Pélican, 75001 Paris, Tel. +33 (1) 42860136, www.atelierdupelican.com, info@atelierdupelican.com | **Anfahrt** M 1, 7, Haltestelle Palais Royal – Musée du Louvre | **Öffnungszeiten** Mo 14–19 Uhr, Di – Fr 11–19 Uhr, Sa 14–18 Uhr

12 Au Fil des couleurs

Scharaden an der Wand

»In der Welt der Tapeten zu arbeiten ist wie jeden Tag in die Phantasie talentierter Künstler zu reisen. Man streift durch die Seiten der verschiedenen Kollektionen, durchschwimmt die Weltmeere oder besucht den Mann im Mond. Die Kreativität ist grenzenlos«, sagt Natalie Cohen, die Direktorin des Flagshipstores in der 31 Rue de l'Abbé Grégoire. Im schönsten und renommiertesten Tapetengeschäft der Stadt sind dank verschiedener Stile und Drucktechniken Tradition und Modernität meisterlich vereint. Hier gibt es noch Wandbekleidung, die Kunstwerken gleicht. Von der Menge ganz zu schweigen.

Ihren Ursprung hat die Tapete im Orient. Bevor man günstige Papiertapeten benutzte, schmückten die Monarchen ihre Wände vor allem mit großen Wandteppichen. Da sie sehr teuer waren, nahmen die französischen Adligen des 15. Jahrhunderts ihre Gobelins auf Reisen von Schloss zu Schloss mit.

Das ist heute einfacher: Im 6. Arrondissement, zwischen der Rue du Cherche-Midi und der Rue de Vaugirard, befindet sich das Spezialgeschäft für die »Kunst der Farben«. Hier gibt es Papier – von Hand auf die Holzplatte gedruckt – von Mauny und Zuber, Elitis, Canovas, Texam, Edmond Petit, Lorca oder Métaphore. Vertreten sind auch europäische und amerikanische Meister wie Zimmer + Rhode, Ralph Lauren, Jane Churchill, Flamant, Liberty und viele junge Designer und Stilisten, die Panoramatapeten nach Maß entwerfen. Neben der Vielzahl an schönen Papieren bekommen Sie hier auch jeweils passende Stoffe für Möbel und Gardinen sowie Wandfarben.

Tiere, Blumen, Kinder, Phantastisches, Konkretes, Abstraktes, Geometrisches, Streifen, optische Täuschungen, Scheinbilder und Panoramen – gezeichnet, gedruckt, gemalt oder fotografiert, aus Papier, Stoff oder Leder: Hier sind Sie an der richtigen Adresse, um Ihre Wände zu adeln. Da braucht niemand mehr einen Wandteppich, um Blößen zu bedecken. Bei diesen Tapeten wird auch der teuerste Gobelin zum reinen Luxus-Accessoire.

Adresse 31 Rue de l'Abbé Grégoire, 75006 Paris, Tel. +33 (1) 45447400, www.aufildescouleurs.com | Anfahrt M 4, Haltestelle Saint-Placide | Öffnungszeiten Mo–Sa 10.30–18.30 Uhr

13 Au Petit Bonheur la Chance

Dem kleinen Glück eine Chance

Mitten im Herzen des Village Saint Paul gelegen, ist dieser Laden eine wahre Schatztruhe, ein Glückstreffer für alle diejenigen, die gern an alte Schulzeiten zurückdenken. Bei Maria-Pia Varnier dürfen wir in der Vergangenheit schwelgen: Schulhefte wie anno dazumal, Schiefertafeln, Kreidestücke, Papierkleber, Backförmchen, karierte Geschirrtücher, Blechspielzeug, Schul-Landkarten, Bleistifte, Füller, Tintenfässer, Bordüren und Spitzenbänder wie zu Großmutters Zeiten. Schon das Schaufenster sendet eindeutige Nostalgie-Signale: geblümte Stoffreste, Holzlineale, Bleistiftspitzer neben Kakao-Blechbüchsen, Stoffpuppen und Zuckerdosen; lauter Funde, die das Retroherz erfreuen.

Vom Fußboden bis unter die Decke stapeln sich die begehrten Vintage-Schätze. »Herrlich, dieser Lakritzgeruch und die Brausepäckchen zum Auflösen in Wasser! Davon habe ich immer heimlich auf dem Schulweg genascht. Welch Freude, auch eine echte Schultafel mit Kreidehalterung zu sehen und die alte Hänge-Landkarte für die Tafel! Da muss ich an unseren Erdkundeunterricht denken und wie ich verzweifelt den ›Mont Saint Michel‹ auf der großen Karte suchte und nicht fand. Die ganze Klasse hat sich amüsiert«, erzählt Catherine, eine Stammkundin, und kann heute selbst darüber lachen. Trost fand sie bei der Großmutter. »Wie schön war es dann, seinen Kinderkummer bei der Oma am Küchentisch mit heißer Schokolade und Butterbrötchen loszuwerden. Sie hatte damals genau dieselbe Kaffeekanne, Zuckerdose und Geschirrtücher wie die da oben im Regal.« In der heutigen Zeit, in der es keine Schiefertafeln und keine Lineale aus Holz mehr gibt, sondern Plastik, Computer und Handys die Welt regieren, hat eine Schatztruhe mit Altertümchen wie Au Petit Bonheur la Chance etwas Erholsames – und Lehrreiches. »Meine Kinder finden's cool«, sagt Catherine. Glück gehabt!

Adresse 13 Rue Saint-Paul, 75004 Paris, Tel. +33 (1) 42743638 | Anfahrt M 1, Haltestelle Saint-Paul | Öffnungszeiten Mo, Mi, Do & Fr 11–13 Uhr & 14.30–18.30 Uhr

14 Bazar de l'Hôtel de Ville

Schatztruhe mit Alarmanlage

Hier gibt es alles, sogar den »absoluten Hammer«: Der Bazar de l'Hotel de Ville – BHV genannt – befindet sich in der Rue de Rivoli, Ecke Rue des Archives. In den oberen Etagen gibt es auch Kosmetik, Mode, Möbel, Wäsche und Haushaltsutensilien, aber jener besagte »absolute Hammer« befindet sich im Untergeschoss, genauer gesagt im Keller.

»Wir führen über 35.000 verschiedene Artikel. Von der Haus- und Hotelzimmernummer über Straßenschilder bis zur Werkzeugkiste. Metallnägel, Plastikdübel, Haken und Ösen, die wir stückweise abwiegen. Wir haben Bohrmaschinen, Hammer, Kneifzangen und Schleifmaschinen für den Profibedarf, aber auch die feinsten Minibohrer für Glasgravuren«, erläutert Jerome, langjähriger Fachverkäufer aus der Metallabteilung, das unendliche Sortiment. »Bei uns können Sie lernen, wie man ein Regal baut, einen Store befestigt, eine Wand tapeziert. Es kaufen auch mehr und mehr Frauen, das hat sich stark verändert.« Sie suchen eine Alarmanlage für die Wohnung? »Treppe runter, zweiter Gang rechts.« Das überaus freundliche Fachpersonal, das in jeder Abteilung zu finden ist, weist Ihnen den Weg. Es gibt sogar eine kleine Caféteria. Während das neue Badfenster zugeschnitten wird, ist Zeit für einen »kleinen Schwarzen«.

Auch der Reparatur eines platten Reifens in eigener Regie steht nichts im Wege. »Seit Neuestem verkaufen wir auch Fahrräder, aber vor allem das dazugehörige Material zum Sichern und Abschließen. Sowie Schraubschlüssel, Luftpumpen, Klingeln und Klebegummi.« Neben der Elektroabteilung mit unzähligen Steckern, Kabeln, Lämpchen und Birnen fällt der Blick beim Rausgehen in die Schusterei. Dort gibt es Ledersohlen in allen Größen, Formen und Farben, Schuhcremes, Schnürsenkel, genormt oder meterweise.

Samt ihrer Haken und Ösen: Das hier ist keine Handwerkerabteilung, sondern diese Schatztruhe für SelbermacherInnen ist einfach der Hammer.

Adresse 52 Rue Rivoli, 75004 Paris, Tel. +33 (9) 77401400, www.bhv.fr | Anfahrt M 1,11, Haltestelle Hôtel de Ville | Öffnungszeiten Mo–Sa 9.30–20 Uhr, Mi 9.30–21 Uhr

15__Beaubien

Schön-Gut

»Beaubien« ist der Name einer Metro-Station in Montreal und gleichzeitig eine französisch-japanische Wortkreation, die für eine Selektion hochwertiger Markenartikel aus aller Welt steht – entspannt und locker, sportlich und cool. Inhaber Julien Bouzereau scoutet ausgefallene Männermode auf der ganzen Welt, Marken, die in Frankreich noch neu sind. Sein Laden bietet Mode aus Dänemark, Amerika und Japan. International soll es sein, bequem, simpel, aber fein. Für einen sportlichen Look mit schönen Stoffen und Farben.

»Unser Geschäft atmet New Yorker Esprit. Unsere japanischen Kunden lieben nämlich den amerikanischen Retro-Look. Bei uns finden Sie sportliche Wetterjacken, Stoffrucksäcke und Ledertaschen«, sagt Bouzereau. Außergewöhnlich ist die Kollektion von Baseball-Caps. »Dabei handelt es sich um originalgetreue Reproduktionen wie etwa die blaue Schlägerkappe mit den Initialen NY für New York Black Yankees von 1936. Oder die der Cleveland Buckeyes von 1946, der Atlanta Crackers, der Brooklyn Bushwicks von 1949 oder der New York Knights, um nur einige zu nennen.« In seinem Laden gibt es aber auch Navy Shorts, Retro-Rucksäcke, Polos, T-Shirts, Hawaii-Hemden, blau-weiß gestreifte Sweaters, T-Shirts zum Surfen, aber auch weiche Krawatten aus Tweed. Für die Füße wartet Beaubien mit Baseball- und Basketball-Schuhen auf und führt die italienische Marke Superga. »Alle Herrenartikel sind für die Stadt, Arbeit und Freizeit gedacht. Es geht uns um den Look, ein Sportgeschäft sind wir nicht. Sich wohlfühlen, auch im Alltag, das ist unsere Philosophie.«

Der Laden ist nicht besonders groß, alle Kleidungsstücke sind übersichtlich geordnet und machen Lust auf Anprobe. Hochwertige Materialien, schöne Verarbeitung und einfache Schnitte – das Glück eines jeden Mannes. Raus aus den Zwängen mit Anzug und Krawatte, rein in den wohligen Sportswear-Look von Beaubien. Schön und gut!

Adresse 21 Rue Notre-Dame de Nazareth, 75003 Paris, Tel. +33 (9) 80360072, www.beaubienstore.com, contact@beaubienstore.com | **Anfahrt** M 3, Haltestelle Temple | **Öffnungszeiten** Mo 16–19.30 Uhr, Di, Mi, Fr & Sa 11.30–20 Uhr, Do 11.30–21 Uhr

16 Paul Beuscher

I've Got the Music in Me

Die Bastille stürmt keiner mehr. Heute stürmt man Paul Beuscher. »Gibson im Sonderangebot!« – und die Bude ist voll. Der echte Rocker und Hardrocker hat immer mindestens eines der edlen Teile in seinem schwarzen Gitarrenkoffer.

Dabei hat alles ganz »in Rosa« angefangen: Hippolyte Beuscher, genannt Paul, gründete im Jahr 1850 das Unternehmen. Er ist Instrumentenbauer, konstruiert, repariert, verkauft – direkt neben der Bastille. 1940 dann macht das Geschäft seinen eigenen Musikverlag auf: »La vie en rose«, »C'est si bon« – absolute Volltreffer, weltweit. Aber Musik nur für Profis? Ganz und gar nicht. Es hat noch niemandem geschadet, Gesangsstunden zu nehmen, ein Instrument zu erlernen oder eine Partitur zu studieren. Also wird eine Schule gegründet, pädagogische Lernmethoden werden entwickelt. Es folgt die Eröffnung eines Musik-Buchladens. Vergessene Volkslieder werden ausgegraben, aber auch die Jazz- und Rockszene kommt nicht zu kurz.

Paul Beuscher importierte »the one and only« Gibson und eröffnete damals gleich mehrere Musikgeschäfte auf dem Boulevard Beaumarchais. Dort findet man auch heute noch Geigen, Pianos, Akkordeons, Gitarren, Schlagzeug, Bässe, Blasinstrumente, Harmonikas, Notenständer, Transporttaschen, Koffer, Mikrofone … Kurzum: alles, was dazugehört. Instrumente werden repariert, neu aufgepeppt und gespielt. Die meisten der Angestellten sind Musiker und damit vom Fach.

Von Yvette Horner, Nino Ferrer, Barbara, Michel Polnareff, Michel Jonasz, Bernard Lavilliers, Charles Aznavour über Miles Davis, Juliette Greco, Vanessa Paradis, Jane Birkin, Serge Gainsbourg, Michel Berger, Georges Brassens, Jacques Brel, Edith Piaf bis zu Led Zeppelin, Deep Purple und Nina Hagen – sie alle waren und sind Stammkunden. Man braucht keine Revolution, um bei Beuscher einzukaufen. Stürmen Sie den Laden ruhig beim nächsten Ausverkauf, aber vergessen Sie nicht: Feel funky, feel good!

Adresse 27 Boulevard Beaumarchais, 75004 Paris, Tel. +33 (1) 44543600,
www.paul-beuscher.com | **Anfahrt** M 1, 5, 8, Haltestelle Bastille | **Öffnungszeiten** Di–Sa
10.30–13.30 Uhr & 14.30–19 Uhr

17 Bonheur des Dames

Macht heiß auf Handarbeit

Fertig kaufen ist out, selber machen ist in. Unter der ehemaligen Eisenbahnbrücke des Viaduc des Arts, zwischen dem Gare de Lyon und der Bastille, liegt »das Glück der Damen«.

In Fachkreisen ist das Familienunternehmen berühmt für seine große Auswahl, Qualität und die Schönheit der Stickerei-Modelle. Seit 2012 wird es geführt von Inhaber Arthur Vessière, Sohn von Cécile Vessière, die als Modestylistin diesen Tempel der Broderie begründet hat. Über 700 verschiedene Motive hat sie bis dato entworfen und mit Unterstützung ihres Gatten Gilles, der Verleger ist, veröffentlicht. 2007 wurde sie zu einer der zehn besten französischen Stylisten für traditionelles Handwerk ernannt.

Der atmosphärische Laden – auf zwei Etagen großzügig angelegt – befindet sich in der Mauer des Viadukts. Im Erdgeschoss steht ein riesengroßer, runder Ladentisch mit Tausenden von verschiedenen Stick-Kits – eine unwiderstehliche Einladung zum Staunen, Anfangen und Ausprobieren. Cécile Vessière persönlich präsentiert das unendliche Sortiment. »Bei uns ist alles nach Themen geordnet: Urlaub am Meer, Hochzeit, Geburt, Küche, die vier Jahreszeiten. Vom Lesezeichen über Geschirrtücher, Tischdecken, Spitzenkragen, Brillenetuis, Wandbehänge, Lampenschirme bis zu ganzen Gemälden nur zum Sticken finden Sie hier alles: japanische Blüten, Oliven und Lavendel aus der Provence, Schwalben und Pfauen, Buchstaben, Wörter, Kalendersprüche.« Selbstverständlich dürfen die nötigen Utensilien wie Nadeln, Zwirn oder Garne nicht fehlen. Die Gründerin dieses Stickerei-Paradieses gewährt auch Einblick in die hauseigenen Ateliers und schwört aufs Selbermachen: »Natürlich können Sie auch ein fertiges Bild gerahmt mit nach Hause nehmen, aber es ist doch etwas ganz anderes, wenn man sagen kann: Das habe ich selbst gestickt!«

Hier kann man sich selbst verwirklichen, stolz sein auf das Gestickte. Selbst ist das Glück der Frau!

coin tricot

coin patch

Adresse 17 Avenue Daumesnil, 75012 Paris, Tel. +33 (1) 43420627,
www.bonheurdesdames.com | **Anfahrt** M 1, 5, 8, Haltestelle Bastille; M 8, Haltestelle
Ledru-Rollin, M 1, 14, Haltestelle Gare de Lyon | **Öffnungszeiten** Mo – Sa 10.30 – 19 Uhr

18___Le Bon Marché

Das Paradies der Damen

Woran erkennt man ein modernes Einkaufsparadies? Hier wird alles groß und verführerisch in Szene gesetzt? Sicher. Eine Selbstverständlichkeit? Nein. Denn begonnen hat das alles ganz anders.

Le Bon Marché wurde 1838 von den Brüdern Paul und Justin Videau gegründet – ursprünglich ein Geschäft mit zwölf Angestellten und vier Abteilungen. Durch die Geschäftsverbindung mit Aristide und Marguerite Boucicaut entstand 1852 ein völlig neues Konzept: eine breite Auswahl zu kleinen Preisen, erstmals attraktiv drapiert, ausgeschildert mit Etikett. Man ließ nicht mehr einkaufen, sondern es kam der Wunsch auf, es selbst zu tun. Dieses revolutionäre Verkaufsmarketing war den Brüdern Videau nicht geheuer – sie verkauften ihre Aktien an das Ehepaar Boucicaut. Wegen des kommerziellen Erfolgs wurde die Warenfläche von 300 auf 50.000 Quadratmeter vergrößert. Die Zahl der Angestellten stieg rasch auf 1.788 an. Parallel entstand eine neue Gesellschaftsschicht: die Mittelklasse und damit eine neue Kundschaft.

Monsieur Boucicaut erkannte, was Shopping schon damals bedeutete: Er kreierte die ersten Toilettenartikel für Damen und eröffnete einen Lesesaal für die Ehemänner, damit die Frauen in Ruhe einkaufen konnten. Er druckte über sechs Millionen Kataloge, ließ Stoffmuster hineinkleben, erfand den ersten Verkauf via Postweg und entwickelte den Lieferservice nach Hause.

Der geniale Beobachter Émile Zola schildert in seinem Roman »Das Paradies der Damen« den gewaltigen Wachstum des Kaufhauses und den Niedergang des Einzelhandels. Bis heute ist Le Bon Marché ein Einkaufsparadies geblieben, dank seiner luxuriösen Schmuckabteilung, den Avantgarde-Möbeln, der Haute-Couture-Mode für Kinder. Imposant erstreckt sich die Lebensmittelabteilung »Epicerie« über zwei Etagen. Mit dem größten Angebot an Gewürzen, Delikatessen, Spirituosen aus der ganzen Welt ist sie ein wahrer Einkaufstempel am linken Seine-Ufer.

Adresse 24 Rue des Sèvres, 75007 Paris, Tel. +33 (1) 44398000, www.lebonmarche.com |
Anfahrt M 10, 12, Haltestelle Sèvres – Babylone | **Öffnungszeiten** Mo – Sa 10 – 20 Uhr,
Do & Fr 10 – 21 Uhr

19 __ Bonton

Taubenschnell und Bummelgrün

Bonton – das bedeutet, den richtigen Ton zu treffen und den guten Geschmack; beides gelingt dem Concept Store für Kinder mit Qualitätsartikeln aus aller Welt, einem großen, eleganten Laden auf mehreren Etagen, mühelos. Bonton begleitet die Kleinen von der Geburt bis zum Jugendalter in allen Lebenssituationen. Auf über 300 Quadratmetern Fläche findet man fröhliche Kinderkleidung, gepunktet, gestreift, bestickt, nach Alter und Größe geordnet. Naturfreundliche Stoffe und Fasern, Baumwolle, Leinen, Molton und Samt. Traditionell und umweltfreundlich werden T-Shirts und Jacken, Stoffservietten und Handtücher sowie Stoffballen von Hand gefärbt. Darüber hinaus gibt es Schuhe, Schulranzen, Dekorationsobjekte, Möbel und Wäsche für das Kinderzimmer und fürs Haus, einen Friseursalon für die Sprösslinge und ihre Eltern, eine Abteilung für Geburtstagsartikel, einen »Photomaton«, um Selbstporträts im Passbildformat zu machen, eine Bibliothek en miniature und eine Fernsehecke.

»Wir benutzen keine Synthetik-Farben, wir tönen und färben mit natürlichen Pigmenten. In einem Atelier in der Bretagne werden die Stoffe in alten Kochtöpfen bearbeitet. Über 20 verschiedene Farben und Nuancen werden hergestellt, wir geben ihnen phantasievolle Namen wie beispielsweise ›Taubenschnell, Bummelgrün, Rotversohlt, Schokoriegel, Kellergrau‹ oder ›Ganz in Schwarz‹«, schmunzelt die Verkäuferin.

Auch die Möbel sind witzig, wachsen mit und halten etwas aus. Da gibt es das berühmte Bett »à barreaux« – mit Stangen wie beim Hochsprung –, den geflochtenen Hochsitz aus Holz, den Minitisch zum Ausziehen. Da lässt es sich bequem und gut gelaunt älter werden.

Bonton ist das Paradies für Große und Kleine, hier findet man alles zum Anziehen, zum Toben, zum Dekorieren, zum Lesen, zum Lernen, zum Feiern – intelligent und verspielt zugleich. Hier trifft man mit »Bummelgrün« stets den guten Ton – und den richtigen Geschmack.

Adresse 5 Boulevard des Filles du Calvaire, 75003 Paris, Tel. +33 (1) 42723469, www.bonton.fr | **Anfahrt** M 8, Haltestelle Saint-Sebastien – Froissart | **Öffnungszeiten** Mo – Sa 10 – 19 Uhr

20 La Botte Gardiane

Kultstiefel als Kulturerbe

In der Camargue ist er geboren, von Cowboys bei Wind und Wetter aufs Härteste getestet, zum »Patrimoine Vivant« – zum lebendigen historischen Erbe – ernannt: Er ist der Lederstiefel La Botte Gardiane – einzigartig auf der Welt. Genäht, geklebt, genagelt, unkaputtbar.

Leidenschaftlich beschreibt Fanny Agulhon, die stolze Inhaberin, die bemerkenswerte Qualität: »La Botte Gardiane, das sind robuste Lederschuhe. Ursprünglich waren das die Arbeitsstiefel für die Cowboys in der Camargue, wetterfest und haltbar, zentimeterdicker Lederschutz für diejenigen, die den ganzen Tag im Sattel sitzen, im kältesten Winter durch Sümpfe die Bullenherden begleiten. Das ist solides Schuhwerk, bequem und dauerhaft, manchmal ein ganzes Leben lang.« Im Jahre 1995 kaufte ihr Vater das Unternehmen. Zuvor war er dort als Fabrikarbeiter tätig gewesen. Die Neuerung bestand darin, die Kollektion zu modernisieren und auszuweiten. »Unsere Fabrik befindet sich im Süden in Villetelle, das liegt zwischen Nîmes und Montpellier. Wir produzieren noch immer in Handarbeit, benutzen die Maschinen von 1958. Wir arbeiten nach Maß – Fußbreite, Wadenumfang, Absatzhöhe. Sie suchen sich die passende Schuhsohle, Leder- oder Gummisohle. Vier Wochen für die Fertigstellung muss man rechnen. Wir benutzen nur das beste französische Leder: Kalbsleder, gegerbte und geölte Rinderhaut mit pflanzlicher Beize. Die Sandalen haben wir zunächst aus den Reststücken der Winterkollektion entwickelt, es gibt nun auch ein paar Gürtel und Handtaschen, aber den traditionellen ›Gardiane-Stiefeln‹ bleiben wir treu.«

La Botte Gardiane ist ein Kultstiefel. Es gibt ihn heute in den unterschiedlichsten Ausführungen. Die Hippies haben ihn geliebt, die Rocker und Motorradfahrer fahren immer noch auf ihn ab. Gekrönt, betitelt, verehrt. Probieren Sie ihn an und aus. Jede Wette: Auch Ihre Füße stehen auf Kult!

Adresse 25 Rue de Charonne, 75011 Paris, Tel. +33 (9) 51110515, www.labottegardiane.com |
Anfahrt M 1, 5, 8, Haltestelle Bastille; M 8, Haltestelle Ledru-Rollin |
Öffnungszeiten Mo – Sa 11 – 20 Uhr

21__Cadolle

Wo die Brust feste Formen annahm

Wo es Brüsten wohl wird? In Paris vermutlich. Allerdings nicht nur heute oder in vergangenen Zeiten – sondern auch zum allerersten Mal.

Eine Weltpremiere: Im Jahr 1889 erfand Herminie Cadolle den ersten Büstenhalter und nannte ihn »Bien-Être« – »Wohlbefinden«. Sie war eine außergewöhnliche Persönlichkeit, jung, kreativ, Schneidermeisterin und vor allem – damals keinesfalls alltäglich – engagierte Feministin. Sie wollte nichts Geringeres als ihre Geschlechtsgenossinnen von den unbequemen Kleiderzwängen der Belle Époque befreien und hatte eine geniale Idee: Das traditionelle Mieder trennte sie in zwei Teile und kreierte den »Halter der Büste«.

Geschäftstüchtig wie sie war, meldete sie das Patent dafür an und präsentierte ihre Erfindung, den »Soutien-gorge«, auf der ersten Weltausstellung neben Gustave Eiffel und seinem Turm. Mittlerweile sind es schon sechs Generationen von Frauen – Herminie, Marie, Marguerite, Poupie und Patricia –, die anderen Frauen zu ihrem »Wohlsein« verholfen haben und es mit Lust auch heute noch tun. Büstenhalter und Brustmieder nach Maß, das bedeutet intime Vertraulichkeit im Universum der weiblichen Geheimnisse. Der Erfolg bestätigt, wie willkommen der beherzte Griff ins Dekolleté tatsächlich gewesen ist.

Mistinguett, Ingrid Bergman, Brigitte Bardot, Elizabeth Taylor, Vertreterinnen der Königshäuser und selbst die extrem perfektionistische Marlene Dietrich, um nur einige zu nennen, haben sich hier eine schöne Silhouette zaubern lassen. Während der wilden 1960er Jahre warf man den Büstenhalter aus Freiheitsgründen dann weg. Glücklicherweise ist das gute Stück heutzutage wieder in Mode. In vollendeter Form sorgt es für optische Korrekturen, aber auch für gesundheitlichen Komfort. »Oben ohne« ist schon länger wieder out, Körbchen tragen dafür in.

Anders gesagt: Der BH war nie tot; es lebe der BH. Zum Wohlsein auch!

Adresse 4 Rue Cambon, 75001 Paris, Tel. +33 (1) 42609422, www.cadolle.com, contact@cadolle.com | **Anfahrt** M 1, 8, 12, Haltestelle Concorde | **Öffnungszeiten** Mo & Di 11–18.30 Uhr, Mi – Sa 11–19 Uhr

22 — Caprices

Das besondere Paar

Was wäre Paris ohne Beine? Schon das revuereife Schaufenster lässt erahnen: Caprices in der Rue de Charonne im 11. Arrondissement ist ein sehr spezieller Ort. Hier werden schöne Beine leicht gemacht – in unendlicher Variation. Und sexy geht es weiter: Exquisite Wäsche lockt den Blick ins Innere.

Gabriel Gros und seine Frau haben den Laden im Jahr 2000 eröffnet. Er dient quasi als Aushängeschild für den Online-Shop. »Alles, was Sie hier sehen, kann man auch bestellen. Wir haben eine große Auswahl an Strümpfen, Strumpfhosen und Unterwäsche für den ganz normalen Alltag, für Hobby und Sport, aber auch ausgefallene Strümpfe und schicke Dessous für ganz besondere Anlässe, Momente oder Veranstaltungen. Für jede Situation und jeden Geschmack das Richtige.« Angefangen haben die beiden Inhaber mit dem An- und Verkauf von auslaufenden Modellen. Das Kriterium war schon immer: gute Qualität, Originalität, aber zu günstigen Preisen.

Alphabetisch oder nach Größen und Modellen in Hunderten von Schubladen sortiert, warten die verrücktesten Strümpfe von A bis Z in den außergewöhnlichsten Formen und Farben darauf, Ihre Beine zu stützen, zu wärmen, zu verwöhnen, zu verschönern oder aus Ihrem Gehwerk ein Paar laszive »hot legs« zu zaubern – Netzstrümpfe etwa mit verschiedenen Lochmustern aus verschiedenen Materialien, ganz in Schwarz oder in schrägen Farben. Hier gibt es das richtige Outfit für lange Pariser Nächte auf noch längeren Beinen.

An der Wand hängen Socken- und Kniestrumpfmodelle, nach Größe und Zweck geordnet, für die in den Schränken kein Platz mehr ist. Vom Babysöckchen bis zum grob gestrickten Männerstrumpf, von der Tennissocke bis zur Ballettstrumpfhose – für beide Geschlechter und für alle Altersstufen. Was immer Ihr besonderes Paar verlangt – ob kuschelweich oder elektrisierend glatt wie Ihre Lieblings-Lackpumpe: Caprice macht Ihnen Beine!

Adresse 102 Rue de Charonne, 75011 Paris, Tel. +33 (1) 43738088, www.boutique-caprices.com, contact@boutique-caprices.com | **Anfahrt** M 9, Haltestelle Charonne | **Öffnungszeiten** Di–Sa 10–19.30 Uhr

23__ Cécile et Jeanne

La Paloma Bonjour

Eine weiße Taube am Hals, am Handgelenk, am Ohr?

Herzlich gern, denn wenn sie aus der Schmuckkollektion von Cécile et Jeanne stammt, dann ist sie nicht nur das Symbol für Frieden, Freiheit und Liebe, sondern sieht auch noch bezaubernd aus. Mit viel Phantasie wird der Schmuck aus verschiedenen Metallen und Materialien entworfen und hergestellt. Die Inspiration für die Motive kommt aus der Natur, von Reisen und besonderen Orten. In diesem schönen Geschäft unter dem ehemaligen Eisenbahnviadukt, im Viaduc des Arts, ganz in der Nähe des Bahnhofs Gare de Lyon und der Bastille, kann man nicht nur die neuesten Kollektionen bestaunen, mitten im Laden befindet sich auch das Atelier, in dem live gearbeitet wird.

Die Kundinnen reagieren begeistert darauf, Augenzeuge dieser intimen Kunst- und Schmiedearbeit zu werden. »Ich finde es spannend, mitzuerleben, wie aus Metallstreifen, Goldbändern, Kupferplaketten, Emaille- und Glasperlen, Leder und Satinbändern unter der magischen Hand dieser Schmuckchirurgen urplötzlich lebendige Kreationen entstehen. Da fliegen Schmetterlinge und Turteltäubchen über Blütenketten, schlängeln sich Perlmutterperlen auf Silberspaghetti, Messingdraht und Kristallkügelchen. Als würden all die winzigen Goldblätter und Metallösen nur darauf warten, mit Bronze und Kunstharz kombiniert und verarbeitet zu werden«, beteuert eine Kundin.

Nebenbei gibt es auch einen Reparaturservice – nicht nur für den Schmuck aus der eigenen Produktion. Hier können Sie auch einen verklemmten Armbandverschluss austauschen, eine zu lange Halskette kürzen und ein paar geerbte Ohrklipse umändern lassen oder eine alte Brosche mit einer schönen Perlmutterperle zu neuem Leben erwecken. Die Goldschmiedinnen stehen mit Rat und Tat zur Seite, designen, schmieden, dekorieren – alles in einem extrem liebevollen Arbeitsklima. Ganz dem Markenzeichen der Taube entsprechend.

»La Paloma Adieu?« – Ganz im Gegenteil. Cécile et Jeanne: Wir fliegen auf euch!

Adresse 49 Avenue Daumesnil, 75012 Paris, Tel. +33 (1) 43416084, www.cecilejeanne.com |
Anfahrt M 8, Haltestelle Ledru-Rollin; M 1, 14, Haltestelle Gare du Lyon; M 1, 5, 8,
Haltestelle Bastille | **Öffnungszeiten** Mo–Sa 11–19 Uhr

24 Les Cerises de Mars
Märzkirschen

»Schmuck-Atelier, Haar-Laboratorium und andere kleine Freuden«, so steht es auf der Ladentür. Direkt neben dem romantischen Parc Monceau, im 17. Arrondissement, gedeihen die »Märzkirschen«. Zwei junge Frauen, Macha de Catheu und Aurélie Heulin, kreieren dort Schmuck und verzaubern Ihr Haar mit Glamour und Phantasie.

Eigentlich sollte Macha de Catheu nach ihrer Promotion an der Designhochschule ESAG Penninghen Objekte für Pariser Museumsshops entwerfen. Dabei entdeckte sie ihre Leidenschaft für Schmuck und wollte lieber selbstständig arbeiten. Sie gründete ihr eigenes Label und eröffnete das Geschäft mit Atelier und Salon im Jahr 2010. Ihr schwebte ein brandneues Konzept vor: Das Schmuckstück als Verwandlungsobjekt – je mehr Funktionen, desto besser. Wie ein Chamäleon sollte es sich jeder Situation anpassen. »Wie diese Kette mit den kleinen Silbersteinchen und der Metallperle etwa. Die ist mit Hutgummi gemacht, ist elastisch und dehnt sich aus. Sie können diese als Hals-, Fuß- oder Armkette tragen, aber auch als Haarband für die Stirn – und nicht zuletzt eine 30er-Jahre-Knotenfrisur daraus zaubern. Es gibt verschiedene Techniken, die Haare strähnchenweise unter die Gummis zu ziehen: locker, verträumt, romantisch oder wild.« Für jeden Geschmack, jedes Haar, jede Gelegenheit: Die beiden haben das passende Schmuckstück und zeigen, wie es geht.

Bei aufwendigen Flecht- und Hochsteckfrisuren empfiehlt es sich, vorher anzurufen. Macha und Aurélie frisieren für Hochzeiten und andere Festivitäten oder organisieren kleine Styling-Events für Gruppen. »Dann schließen wir den Laden und verwöhnen nur Sie.«

Im hinteren Teil liegt die Werkstatt. Jeden Tag werden dort neue Schmuckstücke entworfen. Auch nach Maß, passend zur Haarfarbe, dem Anlass, der Kleidung – vergoldet, versilbert, mit Perlen oder mit Draht.

Das Auge isst bekanntlich mit. Diese Kirschen schmecken!

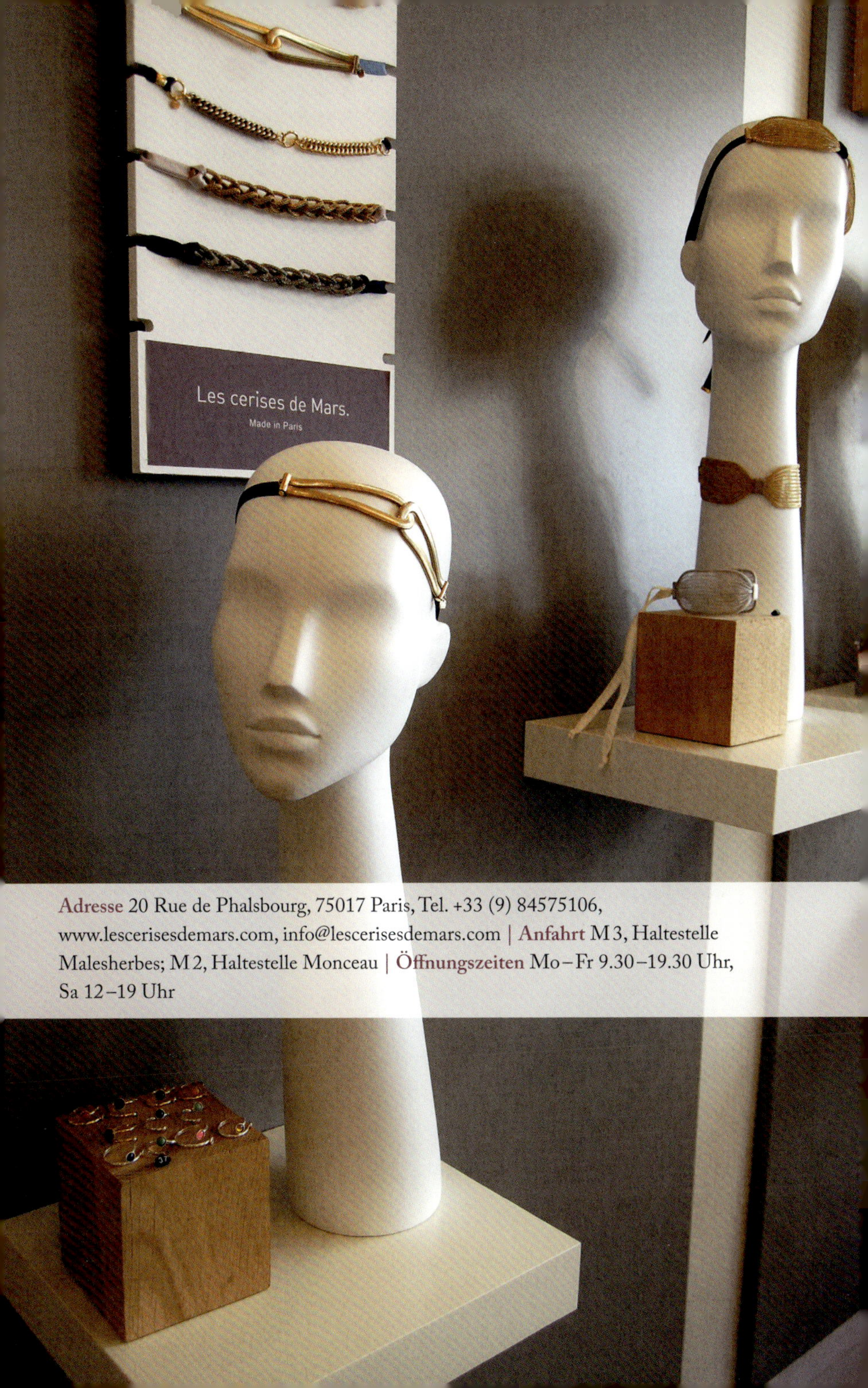

Adresse 20 Rue de Phalsbourg, 75017 Paris, Tel. +33 (9) 84575106, www.lescerisesdemars.com, info@lescerisesdemars.com | **Anfahrt** M 3, Haltestelle Malesherbes; M 2, Haltestelle Monceau | **Öffnungszeiten** Mo – Fr 9.30 – 19.30 Uhr, Sa 12 – 19 Uhr

25 Championnet – Carrelages

Lust auf Mosaik

Nur keine Scheu vorm Hinterhof, das ist in Paris normal. Denn: Simsalabim! Hinter der Kopfsteinpflaster-Einfahrt leicht versteckt, öffnen sich 300 Quadratmeter Ladenfläche mit den schönsten Zutaten für ein gelungenes Mosaik; aber auch Fliesen und Kacheln in den verrücktesten Farben und Formen. In Hunderten von Säcken und Kartons warten winzige Steinchen aus Glas, Marmor, Spiegel, Perlmutt, Porzellan, Emaille und sogar aus Gold darauf, ausgewählt zu werden. Bald werden sie einen Spiegel verzieren, den alten Gartentisch neu aufpeppen oder Ihr Badezimmer schmücken. Ob für ein italienisches Wandfresko, einen marokkanischen Fußboden, eine Dusche mit japanischen Meditationssteinchen, eine Küche mit portugiesischen Kacheln, eine Eingangstreppe mit französischen Marmorfliesen oder einfach als funkelnde Verschönerungen einer alten Blumenvase: Hier gibt es keinen Verwendungszweck, den es nicht gäbe.

Die Chefin Madame Guern präsentiert ihr unübertreffliches Sortiment: »Bei uns finden Sie alles, was man zur ornamentalen Flächenverzierung braucht. Die Steinchen gehen nach Gewicht, die Kacheln und Fliesen nach Quadratmeter. Selbstverständlich haben wir auch das nötige Zubehör wie Zangen, Pinzetten, Messer, Kleber, Abdichtungspasten und Schlussfirnis.« Für alle, die nicht wissen, wie es geht, das Mosaikmachen aber lernen wollen, werden Kurse angeboten. Die Kundschaft ist breit gefächert: vom Privatmann bis zum Profi, vom Kunststudenten bis zum Designer, vom Hobbyhandwerker bis zum Fliesenleger, vom Innenausstatter bis zum Gartenarchitekten. »Jeder kann sich bei uns kreativ austoben«, betont Madame Guern.

Nur immer hineingreifen ins ornamentale Glück: Hier bekommen Sie restlos alles, um aus Omas Beistelltischchen aus der Hinterhofwohnung ein orientalisches Schmuckstück zu zaubern.

Championnet Carrelage: ein Meister für Mosaik, einfach magisch.

Adresse 12 Villa Championnet, 75018 Paris, Tel. +33 (1) 53068090, www.championnet-carrelages.com | **Anfahrt** M 13, Haltestelle Guy Môquet | **Öffnungszeiten** Mo, Mi & Fr 7.30–18 Uhr, Do 7.30–20 Uhr, Sa 8.30–12 Uhr

26__ Chanel

Nicht nur ein paar Tropfen

Eine Weltrevolution hat sie der Damenwelt beschert, die berühmte Mademoiselle: bequeme Kleidung, den Tweed, die kurzen Haare, den Modeschmuck und das Parfum. Dazu eine moderne Lebenseinstellung, emanzipiert und trotzdem chic – »la grande classe« in Schwarz-Weiß. Die Rede ist natürlich von Coco Chanel.

In allen großen Kaufhäusern, Parfümerien und zahlreichen Chanelboutiquen auf der ganzen Welt kann man Produkte der Marke kaufen, aber in Paris, in der Rue Cambon Nr. 31, steht das berühmte Stammhaus. Hier hat sie selbst kreiert, regiert und vorgeführt. In diesen Räumlichkeiten haben die ersten Modeschauen stattgefunden. Über dem Geschäft befinden sich nach wie vor Büros, Ateliers und Showrooms; Karl Lagerfeld leitet von hier aus das Mode-Imperium – aus dem Herzen der Stadt, ganz in der Nähe von Place Vendôme und Place de la Concorde.

Momentaufnahme mit einer amerikanischen Touristin: »Schau mal die beiden Bodyguards am Eingang – und da der Rolls Royce, der vorfährt. Wow! Das Schaufenster, die Schuhe, der Schmuck! Baby, da will ich rein!« Neben dem offiziellen Geschäftseingang gibt es einen zweiten, der zum Showroom führt und zur berühmten Spiegeltreppe. Hinter der Glastür blickt die Grande Dame der Mode hervor, ein gelungenes Porträt in Schwarz-Weiß.

»Wussten Sie, dass Mademoiselle Chanel damals schon 71 Jahre alt war, als sie 1954 hier ihre erste Modenschau präsentierte? Das war sofort ein Welterfolg. Marlene Dietrich, Grace Kelly, Romy Schneider, alle wollten sie den Tweed«, weiß der Herr im Eingang neben der Tür zu erzählen. »Wussten Sie, dass auch das Parfum sofort ein Knaller war, zumal mit dem Hinweis der Erfinderin, eine Frau sollte sich genau da parfümieren, wo sie von einem Mann geküsst werden wolle?« Das sollte »frau« sich vielleicht merken. Und auch dieses Credo von Coco Chanel: Mode kann veralten, Stil niemals. Manchmal sind ein paar Tropfen eben mehr als nur ein paar Tropfen.

Adresse 31 Rue Cambon, 75001 Paris, Tel. +33 (1) 42866200, www.chanel.com | Anfahrt
M 1, 8, 12, Haltestelle Concorde | Öffnungszeiten Mo–Sa 10–19 Uhr

27__123 Ciseaux

Tränen nur beim Abschied

Direkt gegenüber dem romantischen Parc Monceau im 17. Arrondissement liegt ein ganz besonderer Friseursalon: Mit Starbeleuchtung à la Künstlergarderobe bearbeiten geschulte Hände mit fürsorglicher Schnitttechnik die Löwenmähnen, Wirbel oder das feine Haar Ihrer Kleinen. Bei den Haarschnitten folgt man dem Wunsch der Eltern oder dem der Sprösslinge – sei es brav, pfiffig oder modern. Zur Ablenkung werden Zeichentrickfilme oder Lieblingsvideos gezeigt. Märchenfiguren und Phantasiehelden tanzen über Fernsehbildschirme. Der Wartesaal im hinteren Teil des Salons ist mit Playstation, Büchern und Spielzeug ausgestattet. Möbel und Einrichtung sind niedlich und kindgerecht, die Dekoration in Pastellfarben gehalten. Es herrscht eine familiäre Atmosphäre – wie zu Hause im eigenen Kinderzimmer. Inzwischen gibt es auch eine kleine Kollektion von Prêt-à-porter-Kindermoden, Armbändern und Haarspangen.

»Vorbei der Alptraum vom verunglückten Haarschnitt!« – so lautet das Motto. »Unsere Friseurinnen haben eine spezielle Technik und 1.000 kleine Tricks, um rebellische Haarsträhnen und Wirbel zu zähmen, schiefe Ponys auszugleichen, feines Kleinkinderhaar in Windeseile perfekt zu schneiden. Sie verstehen es, im richtigen Moment zu beruhigen. Wir greifen ein, bevor Tränen fließen«, erläutert Latifa Renault ihr Erfolgskonzept. Frisiert werden Kinder ab drei Monaten. Kleine Geschenke, etwa ein Stofftierchen, ein Auto, eine kleine Puppe, Seifenblasen oder Luftballons, belohnen die Kids für ihr Durchhalten. »Manche der Kinder sind längst Teenies oder gar erwachsen und kommen trotzdem immer wieder, manchmal sogar mit ihren eigenen Kindern. Glückliche Kinder, glückliche Eltern. Hier wird nicht geweint, höchstens beim Abschied!«

Latifa Renault frisiert nicht nur, sie empfängt ihre Kundschaft wie eine richtige Mama. Als cleveres Kind verdrückt man da gern ein paar Tränchen, damit man wiederkommen darf!

Adresse 10 Boulevard de Courcelles, 75017 Paris, Tel. +33 (1) 42120360,
www.123ciseaux.com | Anfahrt M2, 3, Haltestelle Villiers | Öffnungszeiten Di, Do & Fr
10–19 Uhr, Mi & Sa 9.30–19 Uhr

28 Maison Clairvoy

Für die ganz großen Sprünge

Ob durch die Wüste wie Lucky Luke, ob beim Cancan mit Aufschlag: Das harte Leder passt sich an. Meilenweit mit Stiefeln von Clairvoy.

Edouard Adabachian, genannt »Clairvoy«, 1913 in der Türkei geboren und mit einer zeichnerischen Begabung ausgestattet, kommt in jugendlichen Jahren nach Frankreich und lernt die Stiefelschusterei. Den Zweiten Weltkrieg überlebt er als Dokumentarzeichner beim Militär. 1945 lässt er sich am Montmartre nieder, direkt unter dem Moulin Rouge. Man nennt ihn den »malenden Stiefelschuster vom Berg«. Seine Karriere verläuft im Galopp. Edouards Kriegsskizzen werden in der »L'Aurore« veröffentlicht. Die Pariser Elite ist begeistert. Auch als Schuhmacher hat er Erfolg, spezialisiert sich auf eigene Kreationen und wird als Autodidakt schließlich sogar zum »Meister« ernannt. Aus seiner Leidenschaft zur Malerei entstehen Freundschaften, die Kunstszene öffnet die Türen. Schauspieler und Tänzer, das Moulin Rouge, das Lido, Crazy Horse – sie alle sind verrückt nach Clairvoys Lederschuhen.

Nicolas Maistriaux, neben Guillaume Gonin Nachfolger und derzeitiger Meisterschuster des Hauses Clairvoy, gibt Einblicke in sein Handwerk: »Der Cancanstiefel muss solide sein, bei 3.000 bis 4.000 Sprüngen mit Aufschlag bricht ein normaler Schuh sofort entzwei. Die Reißverschlüsse nähen wir nach innen, damit die Mädchen sich beim Beine hochschlagen nicht im Gesicht verletzen oder im Kostüm hängenbleiben.« Film und Fernsehen sind schon lange gute Kunden. »Wir haben die Schuhe für Gérard Depardieu in ›Asterix und Obelix‹ gemacht und auch für Jean Dujardin in ›Lucky Luke‹. Da gab es fünf verschiedene Modelle mit optischer Täuschung und orthopädischem Einsatz. Nach zwölf Stunden Drehzeit wissen die Schauspieler, wo's langgeht. Sie mögen uns, weil es nirgends drückt. Gut beschuht ist halb gewonnen.«

»These boots are made for walking« – auf der Bühne, im Wilden Westen und auf dem Trottoir.

Adresse 18 Rue Pierre Fontaine, 75009 Paris, Tel. +33 (1) 4874403, www.clairvoy.fr, maison.clairvoy@claivoy.fr | **Anfahrt** M 2, Haltestelle Blanche | **Öffnungszeiten** Mo – Fr 9 – 12 Uhr & 14 – 19 Uhr

29 __Clown Montmartre

Manege frei

Vorhang auf! Wie im Zirkus erwartet man hier Scherze und Clownerien, findet aber nicht nur rote Nasen, Schminke und Perücken, sondern tausende Kostüme zum Kaufen und Ausleihen. Ganz in der Nähe des Varietétheaters Folies Bergère, dem Wachsfigurenkabinett Grevin und dem Restaurant Chartier befindet sich dieser winzige Laden in der Rue du Faubourg am Montmartre. Schon das Schaufenster ist randvoll mit Brillen, Masken, Boas, Scherzartikeln und allem möglichen Klimbim: kitschig, schräg und amüsant.

Klein, aber oho! Einmal die Türschwelle überschritten, findet man sich inmitten von Papierschlangen, Piratenmessern, Gummimasken, Karnevalsgirlanden, Schwertern, Plastiknasen, Schielbrillen wieder. Ab und zu ist die Stimme von Inhaber Monsieur Sebastian zu hören: »Bitte einmal Marie-Antoinette in Größe L, zweimal Pilotenlook in S und M und einmal Napoleon Bonaparte für unten fertig machen. Merci!«

Die Seele des Geschäfts liegt in der oberen Etage, aus Platzmangel nicht zugänglich für Kunden. Dort sind über 2.000 Kostüme gelagert und Hunderte von Perücken, von klassisch über ernst bis grotesk; die verrücktesten Hüte, schräg, schrill oder ganz nobel; venezianische Augenmasken und Politikerkarikaturen. Hier wird man mühelos zum Schürzenjäger oder zu Louis XIV. – mit Schuhen, Perücke, Stock und Hut sowie der berühmten »mouche«, dem schwarzen Schönheitsfleck. Sollte doch einmal ein Detail fehlen, werden Monsieur Sebastian und sein Team es – Abrakadabra! – für Sie bestellen oder anderswo herzaubern.

»Seien es Abiturbälle, Geburtstagsfeiern, Abschlussfeten oder Silvester- und Karnevalsveranstaltungen – wir haben die richtige Verkleidung und Dekoration für jeden Anlass und jede Geldbörse. Bei uns bekommen Sie Lachgas, Luftballons, falsche Wimpern und Nägel, sogar Feuerwerkskörper!«, so der Verkäufer.

Ob Amateur, Privatmann oder Proficlown – Manege frei, Vorhang auf: Es darf gelacht werden!

Adresse 22 Rue du Faubourg-Montmartre, 75009 Paris, Tel. +33 (1) 47700593, www.clown.fr, info@clown.fr | **Anfahrt** M 8, 9, Haltestelle Grands Boulevards | **Öffnungszeiten** Mo − Sa 9.30 − 19 Uhr

30__Coffélia

Samt und Seide

Ein Tea for Two oder ein kleiner Schwarzer gefällig? Es geht nichts über den Duft von gebrannten Kaffeebohnen. Bei Coffélia strömen einem Aroma und Geschichte entgegen. Vermutlich stammt der Kaffee aus der Gegend von Kaffa, Äthiopien, und ist seit dem 15. Jahrhundert bekannt. In der arabischen Kultur war das Getränk zunächst Arznei und wurde erst später zum Genussmittel. Weitere 200 Jahre später kam er nach Europa und wurde modern, nicht zuletzt in den eigens dafür geschaffenen Kaffeehäusern. Tee ist noch viel älter, ihn gibt es bereits seit dem 8. Jahrhundert.

»Ich habe 120 Sorten zur Auswahl: aus China, Japan, Indien, Kenia. Weiß, grün, schwarz, natürlich oder geräuchert. Für jeden Geschmack und Bedarf, für jede Saison. Im Winter möchte man sich aufwärmen, im Sommer hat man Lust auf einen erfrischenden Eistee«, erklärt Ludovic, der charmante Geschäftsinhaber. Den Kaffee röstet er jeden Tag frisch. Derzeit hat er 16 verschiedene Arabicasorten im Angebot. Sein Geheimnis heißt: »Langsam rösten, denn nur so kann sich das Aroma angenehm entfalten. Derart gleicht der Kaffee dann dem Likör und ist bekömmlich für den Magen. Ich lade Sie ein, meine selbst gebrannten Arabicabohnen zu testen, die sind sanft wie Samt und Seide, die trinken sich wie von allein. Auch ohne Zucker. Bei mir gibt es keinen bitteren Nachgeschmack, mein Kaffee ist zärtlich, schmeichelt, tut gut.«

Bei Coffélia gibt es auch schönes Zubehör für die Zubereitung zu Hause: edle Teekannen, Tassen, Dosen oder speziell ausgesuchte Kaffeeautomaten. Zudem leckere Köstlichkeiten zum Versüßen wie Bio-Honig, Zucker und Konfitüren. Ob grün, weiß oder schwarz, ob mit oder ohne Sahne, mit Ludovics warmen Köstlichkeiten im Bauch sind Sie fit für alle Lebenslagen und für jedes Abenteuer – ob groß und bunt oder klein und schwarz.

Adresse 45 Rue Condorcet, 75009 Paris, Tel. +33 (1) 40160468, www.coffelia.fr, ludovic@coffelia.fr | Anfahrt M 2, Haltestelle Anvers | Öffnungszeiten Di–Fr 9.30–14 Uhr & 16–19.30 Uhr, Sa 9.30–13 Uhr & 15–19.30 Uhr, So 11–13 Uhr

31__Les Commis
Die Küchenengel

Cyril und Clément nennen sich »die Angestellten« – »les commis«. Sie sind aber viel mehr: zwei Küchenengel, die Profimenüs für Sie vorbereiten. Sie sorgen für Vorspeisen, Hauptgericht und Nachtisch, geben Anleitungen für ein perfektes Diner im eigenen Heim. In weniger als einer Stunde, garantiert!

»Wir scheuen keine Mühe, um die gewünschten Zutaten zu finden, damit Ihr Diner zu einem unvergesslichen Moment wird. Soßen und Bouillons selber machen, alles das braucht viel Zeit. Wir sind dafür da, dass Sie in Ruhe Ihr Gericht zur Vollendung köcheln, Ihre Gäste verblüffen und gleichzeitig verwöhnen können. Wir machen unsere Arbeit als ›Angestellte‹, der große Küchenchef sind Sie«, beschreibt Cyril das Konzept.

Die Produktpalette besteht aus rein biologischen Naturalien und natürlichen Weinen. Fisch, Fleisch, Gemüse und Obst der jeweiligen Saison werden täglich frisch geliefert. Hinter dem Laden, im »Labor«, wird eifrig geschält, gehackt, abgezogen, enthäutet, entgrätet, portionsweise luftdicht verschlossen, richtig dosiert – je nach Rezept.

»Für unsere Menüs arbeiten wir mit mehreren ›Chefs‹ zusammen wie Yann Tanneau vom Restaurant der Opéra Garnier und Johannes Bonin, einem Chefkonditor in Dubai. Wir können Ihnen vier verschiedene Menüs anbieten, mit jeweils drei verschiedenen Gängen und allem, was dazugehört. Wir unterstützen Sie aber auch bei eigenen Ideen, wie etwas gekocht wird, in welcher Reihenfolge, bei welcher Temperatur. Wir haben ein Anleitungssystem entwickelt – wenn Sie das genau befolgen, kann gar nichts schiefgehen. Bevor trotzdem die Panik ausbricht, rufen Sie uns einfach an. Wir sind für Sie da!«, so Clément. Um auf den Geschmack zu kommen, gibt es vor dem Laden eine Terrasse, auf der man auch einfach so leckere Häppchen verzehren und ein schönes Glas Wein trinken kann.

Cyril und Clément sind Les Commis, die bei sich selbst angestellten Engel – immer zu Ihren Diensten!

Adresse 51 Avenue Trudaine, 75009 Paris, Tel. +33 (1) 48748314, www.lescommis.com, contact@lescommis.com | **Anfahrt** M 2, Haltestelle Anvers; M 2, 12, Haltestelle Pigalle | **Öffnungszeiten** Di – Fr 11–15 Uhr & 16–20.15 Uhr, Sa 11–20 Uhr

32 Le Comptoir Colonial
Antillen, Asien, Afrika

Sie sind Feinschmecker, Hobby- oder Profikoch? Dann bitte weiterlesen. Bei Le Comptoir Colonial finden Sie alles, um aus einem unspektakulären Kochrezept ein traumhaftes Gericht zu zaubern: mit Olivenölen aus der Provence, Curry aus Indien, Pfeffer aus Madagaskar, Vanille von den Antillen, Litschis aus Asien, Gemüsesorten aus Afrika. Exotik pur – direkt gegenüber dem Café der Amélie Poulin aus »Die wunderbare Welt der Amélie«, im Montmartre.

»Wir waren hier die Ersten, die frisches Gemüse und Obst aus den Tropen nach Paris gebracht haben. Oft wusste man nicht, wie man den Namen ausspricht oder ob man das roh oder gekocht isst. Neuland sowohl für die Einheimischen als auch für die Touristen. Da staunte man nicht schlecht – und das in der Weltmetropole Paris!«, erinnert sich Anne Josiane, die freundliche Fee des Ladens.

Ob schwarzer, weißer oder roter Pfeffer, ob aus Indonesien, Tasmanien, Kambodscha oder Indien; ob rosa Beeren aus Brasilien oder original französische Herbes de Provence; nicht zu vergessen die vielen Currysorten – insgesamt führt der Laden über 220 verschiedene Gewürze. »Zu unseren Kunden gehören Paul Bocuse und die Delikatessläden Albert Ménès und Fauchon«, erzählt Anne Josiane, während sie kolumbianische Kaffeebohnen mahlt und 200 Gramm für eine alte Dame aus dem Viertel in deren Dose abfüllt. Denn man muss kein Sternekoch sein, um hier willkommen zu sein. Hier bekommen Sie Oliven sogar pro Stück, die Gewürze nach Gramm abgewogen, die tollsten Öle und Essigsorten in den verrücktesten Geschmacksnoten und Farben. Dazu Nüsse, Korinthen, Vanillestangen, eine Vielzahl an Teesorten und noch dazu Tipps für Kochrezepte oder Sehenswürdigkeiten um die Ecke.

Le Comptoir Colonial ist ein Laden mit familiärem Ambiente, eine Kräuter- und Gewürzoase, eine orientalisch-exotische Duftkulisse mit über 1.500 Produkten aus aller Welt. Exotisch, tropisch, top!

Adresse 22 Rue Lepic, 75018 Paris, Tel. +33 (1) 42584484, www.lecomptoircolonial.com, info@lecomptoircolonial.com | **Anfahrt** M 2, Haltestelle Blanche | **Öffnungszeiten** Di, Mi & Fr 9–13 Uhr & 16–20 Uhr, Do 16–20 Uhr, Sa 9–13 Uhr & 15.30–20 Uhr, So 10.30–13.30 Uhr

33 La Croix et la Manière

Wo die Nadel Sticktwist tanzt

Vorstich, Schlingstich, Schattenstickerei – alles Fremdwörter für Sie? Dann wird es höchste Zeit für einen Besuch bei der Stickmeisterin Monique Lyonnet.

Ein schönes Handarbeitsergebnis hängt nicht nur von Ihrer Kreativität und Geschicklichkeit ab. Stoff, Stickgarn und Stickart müssen aufeinander abgestimmt sein. Zudem brauchen Sie das richtige Werkzeug: passende Nadeln, eine spitze Schere, einen Stickrahmen, Lineal, Zentimetermaß, Bleistift und Kugelschreiber. Seit 2000 ist Monique Lyonnet Inhaberin von La Croix & La Manière in der Rue Faidherbe. Dort, wo früher Brötchen und Hefeteilchen gebacken wurden, organisiert sie in ihrem charmanten Laden regelmäßig Stickkurse und verkauft alles, was man dazu braucht. Sogar für die Zeitschrift »Marie Claire Idées« ist sie tätig und zudem Verfasserin von Anleitungsbüchern wie beispielsweise »ABC textiles«.

Insofern glaubt man der Fachfrau jedes Wort: »Entscheidend für Ihre Stickerei ist, dass das Stickgarn zu dem Stoff passt, den Sie besticken wollen. Die Stärke des Garns richtet sich danach, wie fein die Stickerei werden soll und ob der Grundstoff völlig überstickt wird. Die gebräuchlichsten Stickgarne sind dünnes Baumwollgarn, Sticktwist, Mattstickgarn, Perlgarn, Silber- und Goldgarn. Unsere Stoffe kommen in erster Linie aus Deutschland, Österreich, Dänemark und Italien.« Als Könnerin ist für Monique fast jeder Stoff bestickbar. Aber sie bevorzugt Leinen und Naturfasern. Der Grund: »Handarbeitsstoffe haben meist ein auszählbares Gewebe, etwa Siebleinen, Schülertuch und Gewebe in Flechtbindung.« Verkauft wird am Meter. An Spitzen, Borten und Knöpfen mangelt es bei Weitem nicht.

Na denn, auch wenn Sie das letzte Mal im Schulunterricht gestickt haben, seien Sie sicher: Bei Monique Lyonnet ist Sticken kreativ und macht Spaß. Auf denn zum fröhlichen Sticheln – es darf auch richtig gestochen werden!

Adresse 36 Rue Faidherbe, 75011 Paris, Tel. +33 (1) 43729909, www.lacroixetlamaniere.com, croixetmaniere@hotmail.com | **Anfahrt** M 9, Haltestelle Charonne | **Öffnungszeiten** Di−Sa 12−19 Uhr, Stickkurse nur nach Vereinbarung

34__CSAO

Die Sonne Afrikas

»Mein Mann war Ethnologe, zusammen mit ihm habe ich viele Jahre in Afrika gelebt. Ich war damals in der Stoffherstellung tätig, hatte ein Atelier in Dakar und habe gefärbt. Da habe ich viele kreative Leute kennengelernt«, erzählt Valérie Schlumberger, die Inhaberin von CSAO. Viele ihrer Hersteller, Handwerker und Künstler kommen auch heute von dort.

Feine Flechtarbeiten, Bastkörbe und Matten, die geschnitzten Holzfiguren, den senegalesischen Schmuck, die fröhlich gemusterten Puppen, Stoffe und Kissen – diese Schätze afrikanischer Alltagskultur nicht nur lokal zu verkaufen, sondern international zu vertreiben, war Valéries Gründungsidee: »Afrika hat viele traditionelle Fingerfertigkeiten und schöne Handarbeit zu bieten. Es wäre doch schade, wenn diese Schätze nur innerhalb des Landes und Kontinents zu sehen und zu kaufen wären. Darum habe ich damals mein erstes Geschäft in Paris eröffnet.«

Seither geht es bei ihr kunterbunt und farbenfroh zu: Die »Compagnie du Sénégal et de l'Afrique de l'Ouest«, die »Gesellschaft für den Senegal und Westafrika«, ist seit 1997 im Marais angesiedelt. Sie ist Geschäft und Galerie in einem – mit dem Ziel, die afrikanische Kultur und Tradition einem breiten, internationalen Publikum zu präsentieren und ans Herz zu legen. Gleichzeitig gründete Valérie Schlumberger den Wohltätigkeitsverein ASAO, der die Restaurierung eines ehemaligen Kinos in Dakar unterstützt, um obdachlosen Kindern eine Bleibe zu schaffen. Die im Laden angebotenen Ketten und Armbänder der Schmuckkollektion »Jokko« dienen diesem Zweck.

CSAO ist ein Stück Senegal, Mali, Burkina Faso, Mauretanien. Das sind von Hand gefertigte Gebrauchsgegenstände, Teppiche, Möbel, Einkaufskörbe, Obstschalen, Kinderspielzeug, Ohrringe, Halsketten und Armreife. Ganz gleich, ob aus Holz, Metall oder Stoff, ob in Mosaik, geklebt, geflochten, gelötet, gewebt oder genaht – hier scheint mit Valérie Schlumberger die Sonne für Afrika.

Adresse 9 Rue Elzevir, 75003 Paris, Tel. +33 (1) 42713317, www.csao.fr | Anfahrt M 1, Haltestelle Saint-Paul; M 8, Haltestelle Chemin Vert | Öffnungszeiten Di–Sa 11–19 Uhr, So 14–19 Uhr

35 __ E. Dehillerin

Götter in Paris

Liebe geht durch den Magen, und Kunst kommt von Können. Aber bis man dort ist, braucht es erst einmal gutes Basismaterial – Messer, Sieb, Töpfe und andere Utensilien. Ob preisgekrönter Maître, Lehrling oder Hobbykoch: E. Dehillerin ist seit fast 200 Jahren das Paradies für professionellen Küchenbedarf.

Mitten in Zolas »Bauch von Paris«, neben den ehemaligen Markthallen befindet sich das alteingesessene Familienunternehmen an der Ecke der Rue Jean-Jacques Rousseau. Auf zwei Etagen, in alten Holzregalen vom Fußboden bis unter die Decke, sind alle erdenklichen Küchengeräte zu finden: Hunderte von Brat- und Schnellkochtöpfen, Crêpes-, Grill- und Eisenpfannen, Kuchen- und Gebäckförmchen, Schneebesen und Durchschläge in den unterschiedlichsten Formen und Größen aus Kupfer, rostfreiem Stahl, Aluminium, Emaille und Gusseisen; Arbeitsmaterial für Küchengötter in Frankreich. Aber auch für Anfänger oder alle diejenigen, die gerne mit Qualität hantieren.

»Zu unseren Kunden gehören viele Restaurants. Meistens entscheidet der Küchenchef, was er für sich und seine Lehrlinge braucht. Unsere Materialien begleiten oft eine ganze Kochkarriere: vom winzigen Holzlöffel über die »galantin« – die Messerkollektion eines Küchenlehrlings – bis hin zur kompletten Ausrüstung für ein Restaurant«, sagt der Ladenbesitzer Monsieur Eric Dehillerin. Hier mangelt es an nichts, was im weitesten Sinne mit Küche und Kochen zu tun hat. Stunde um Stunde kann man sich in der Welt der Küchenschürzen, Kochdeckel, Pfeffer- und Kräutermühlen, Schneebesen, Mixer, Siebe, Backformen für Kuchen und Konditorwaren, Eismaschinen für Sorbets, Töpfe, Pfannen, Auflaufformen für Gemüse und Fleisch tummeln. E. Dehillerins Credo lautet seit jeher: »Die Ausstattung, mit der man kocht, muss genauso gut sein wie die Naturalien, die man verwendet. Ziel ist es, mit ausgezeichnetem Kochmaterial edle Speisen à la française zu erfinden und zum künstlerischen Hochgenuss zu vollenden.«

Voilà. Und Kochen wird zur Kunst.

Adresse 18–20 Rue Coquillière, 75001 Paris, Tel. +33 (1) 42365313, www.e-dehillerin.fr |
Anfahrt M 4, Haltestelle Les Halles; M 1, Haltestelle Louvre – Rivoli |
Öffnungszeiten Mo 9–12.30 Uhr & 14–18 Uhr, Di–Sa 9–18 Uhr

36__Dobdeck

Macht an

Sie lieben die Belle Époque, den Jugendstil mit seinen Ornamenten oder träumen eher vom industriell-modernen Stil der 1920er Jahre? Bei Dobdeck in der Rue Monge sind Sie in jedem Fall richtig.

Paris, das ist vollendeter Jugendstil an allen Ecken: arabeskenhaft und blumig verzierte Metro-Eingänge von Hector Guimard, das Maxim's mit seinen floral-erotischen Ornamenten, Möbelstücke aus edlem Holz, Skulpturen, Lampen und Leuchtobjekte, Kalligrafien bis hin zu Schmuck. Unvergesslich die Künstler Gustav Klimt, Alfons Mucha, Émile Gallé, Louis Comfort Tiffany, Louis Majorelle oder der Spanier Antoni Gaudí.

Paris, das ist aber auch der Art déco: die Weltausstellung von 1925, »L'Exposition internationale des Arts Décoratifs et Industriels Modernes«, die »années folles« – die Goldenen Zwanziger. Das sind Avantgarde, geometrische Formen, Symmetrie und Ordnung, technische Erneuerung, das Automobil, die »neue« Frau – hochgewachsen, schlank, modebewusst, fast androgyn. Jacques-Émile Ruhlmann, Jules Leleu, René Lalique haben diese Zeit geprägt.

Marina, die Ladenbesitzerin, lädt Sie ein, in eine andere Zeit zu reisen: »Seit 1977 bemühen wir uns, originalgetreue Nachbildungen von Lampenentwürfen, Schmuck und Dekorationsobjekten aus den verschiedenen Epochen seit dem Fin de Siècle bis zu den 1920er und 1930er Jahren für unsere Kundschaft zu besorgen: Messinglampen im historischen Neo-Klassizismus des Gründerzeitstils, Jugendstil-Leuchten mit verspielten Ornamenten.« Darüber hinaus sind bei Dobdeck auch Silberschmuck mit Halbedelsteinen und Perlmutt, Broschen, Ohrringe und Armbänder von Art nouveau bis hin zu Art déco zu finden. Alle Leuchten gibt es mit verschiedenen Oberflächen, auf Hochglanz poliert, patiniert, verchromt oder vernickelt, mit mundgeblasenen Gläsern oder Fassungen aus Porzellan.

Ob Art nouveau oder Art déco: Bei Dobdeck macht alles an – nicht nur das Licht.

Adresse 87 Rue Monge, 75005 Paris, Tel. +33 (1) 43375996, www.dobdeck.com |
Anfahrt M 7, Haltestellen Place Monge & Censier – Daubenton | **Öffnungszeiten** Di–Sa
11–13.30 Uhr & 14.30–19 Uhr

37 La Droguerie

Im Rausch der Woll-Lust

Wer einmal die Ladentür durchschritten hat, kommt so schnell nicht wieder heraus. Wie magisch angezogen ist man von dem farbenfrohen Sortiment: In alten Holzregalen und Aktenschränken warten Kurzwarenartikel, Knöpfe, Federn und Perlen darauf, entdeckt und verarbeitet zu werden. Stapelweise kuschelig anmutende Strickpullover für Kinder bilden schon im Eingang einen reizvollen Kontrast zum knarrenden Parkettboden. Ganz gleich, ob Anfänger oder Profi: Die enorme Auswahl an Näh- und Strickaccessoires, die außergewöhnliche Farbpalette an Wolle und Bändchen lädt ein, Hemmungen zu vergessen und loszulegen.

Eine Kundin erinnert sich an ihre bescheidenen Anfänge: »Mit einem einfachen Winterschal habe ich angefangen – zwei rechts, zwei links. Inzwischen haben alle Enkelkinder eine Strickjacke von mir mit Handschuhen und Mütze. Ich kann gar nicht mehr aufhören.«

Handgefärbte Biowollen, Hunderte von Borden, Brokat- und Seidenbänder am Meter, Tausende von Perlen aus Glas, Perlmutt, Gold, Silber, Plastik und Holz in Bonbongläsern – hier gibt es alles zum Verzieren und Gestalten; darüber hinaus locken Federboas, Stoffblumen, Sticker zum Aufnähen oder -bügeln, Gürtelschnallen und eine Vielzahl an niedlichen, lustigen und exklusiven Knöpfen. Damit wird Ihr Lieblingsteil garantiert fein herausgeputzt oder zum Meisterwerk vollendet. Anregungen, Ideen und praktische Unterstützung kommen vom Fachpersonal.

Im hinteren Raum findet man frontal das Meisterstück von La Droguerie: ein Farbkunstwerk wie ein Wandteppich, nur mit Regalen. Wie in einer alten Bibliothek, vom Fußboden bis zur Decke, sind dort die herrlichsten Wollsorten in den berauschendsten Farben sortiert und präsentiert. Da wird das Herz eines jeden Kreativen schwach, da wird die Woll-Lust endgültig. Und Handarbeiten wird zur Droge.

Adresse 9–11 Rue du Jour, 75001 Paris, Tel. +33 (1) 45089327, www.ladroguerie.com |
Anfahrt M 4, Haltestellen Les Halles & Étienne Marcel | **Öffnungszeiten** Mo 14–19 Uhr,
Di–Sa 10–19 Uhr

38 En selle Marcel

Mit oder ohne Paulette

Alles für den Zweiradliebhaber bis -fanatiker gibt es in diesem sympathischen Laden im Quartier von Les Halles, direkt unter der Passage du Grand-Cerf: Drahtesel aus vergangenen Zeiten, Rahmengestelle aus Stahl, hochmoderne Klappräder, Sattel und Zubehör, Kopfschutz und Helme, Klingeln, Lampen, Fußpedale, Ketten, Transporttaschen, Luftpumpen, Sicherheitsschlösser, Fahrradbekleidung, Sonnenbrillen, exklusive Accessoires und Produkte nach Maß.

Bruno Urvoy, der Ladenbesitzer, ist seit den 1990er Jahren ausschließlich und zu 100 Prozent überzeugter Fahrradfahrer. Er weiß, wovon er spricht: »Ein Rad ist ein ganz persönlicher Gebrauchsgegenstand, der sich den eigenen Körperproportionen anpassen muss ebenso wie den gängigen Sicherheitsvorschriften. Leicht handhabbar muss es sein und dazu von ästhetischer Qualität. Ein Fahrrad soll auch schön sein! Wir verkaufen nur, was uns selbst gefällt.« Hier können Sie Ihr Zweirad auch nach Maß zusammenstellen und aus einer großen Auswahl von Stahlrahmen aus französischer Produktion, Ledersätteln, Pedalen, Lenkern auswählen. »Sie suchen aus, wir bauen Ihr Rad exklusiv für Sie.«

Keramikkacheln und der Kühlschrankanschluss zeugen davon, dass das Geschäft ursprünglich eine Fleischerei gewesen ist. Heute befindet sich hier das exklusive und breite Angebot an Fahrrädern und Zubehör in Edelmarkenqualität – wie Brompton, Brooks, San Marco, Nitto, Sugino, Dia-Compe, Campagnolo, Shimano, Easy Rider, Nutcase. Hinten im Laden gibt es eine Werkstatt, in der repariert, ausgetauscht und zusammengebaut wird.

Ganz gleich, ob Sie nun wie Yves Montand – »A Bicyclette« – mit oder ohne Paulette oder mit Ihren Freunden eine kleine Ausflugstour am Wochenende machen, täglich zu Ihrem Arbeitsplatz radeln oder einfach nur gern durch die Stadt kurven, hier finden Sie den passenden Zweiradpartner und alles, was dazugehört.

Auf in den Sattel, Marcel!

Adresse 40 Rue Tiquetonne, 75002 Paris, Tel. +33 (1) 44540646, www.ensellemarcel.com, contact@ensellemarcel.com | **Anfahrt** M 4, Haltestelle Étienne Marcel | **Öffnungszeiten** Di–Sa 11–19 Uhr

39___Eux dans l'Eaux

Einen Hut wie Greta Garbo

Dieser winzige Laden – halb im Freien unter den Arkaden des Vogesenplatzes – gleicht einem Labyrinth aus Hüten und Brillen. Auf engster Fläche sind Hunderte von Kopfbedeckungen gestapelt, werden Brillen und Broschen präsentiert. Der verspielte Name des Ladens bedeutet: »Sie sind im Wasser« ... Die Hüte sind es nicht.

»Früher habe ich Strass- und Kristallschmuck auf Trödelmärkten verkauft. 1987 wurde hier der Laden frei: Das war Liebe auf den ersten Blick, da habe ich mich gleich hier niedergelassen.« Ein paar Broschen gibt es noch, aber in erster Linie sind es jetzt Hüte und Brillen, die Jean-Christophe Lanvin, der Ladenbesitzer, verkauft. »Ich liebe die 1930er Jahre, den Look der großen Stars, mein Herz schlägt für die Garbo.« Er verschwindet im Inneren des Ladens und kommt mit einer Porträtaufnahme von Greta Garbo in Hollywoodpose zurück. Alles ist perfekt, das Make-up, der Augenaufschlag, die Mimik, die Studiobeleuchtung und natürlich der typische 1930er-Jahre-Hut. Welche Frau möchte nicht so unwiderstehlich aussehen?

»Originalmodelle gibt es hier nicht, ich verkaufe nur neue Hüte. Das ist viel unkomplizierter, preisgünstiger und kommt an. Für die Herren habe ich Schlägerkappen und Modelle wie in den 1970er Jahren, der Look der Bondfilme ist wieder in. Auch junge Leute tragen wieder Hut, und die traditionellen Baretts waren sowieso nie out.« Wie zum wandelnden Beweis zeigt er auf eine Passantin, die ein dunkelrotes Barett aufsetzt, sich freut wie ein kleines Kind, bezahlt und mit dem Teil auf dem Kopf wieder verschwindet.

Direkt auf der anderen Seite des Parks befindet sich das Haus von Victor Hugo, das zieht die Leute an und bringt das Publikum. Eine gute Platzierung ist eben alles. Ob Greta-Garbo-Look oder Barett à la française – es macht in jedem Fall Spaß, statt eines Regenschirms mal einen hübschen Hut zu tragen. Chapeau!

Adresse 21 Place des Vosges, 75003 Paris, Tel. +33 (1) 42780460 | **Anfahrt** M 1, Haltestelle Saint-Paul; M 8, Haltestelle Chemin Vert | **Öffnungszeiten** Mi–So 14–19.30 Uhr

40 Maison Fabre

Applaus für Hände

Handschuhe tragen ist nicht nur hygienisch, modern, schützt und sieht gut aus – im Hause Fabre werden sie zur zweiten Haut. Vanessa Paradis, Nicole Kidman, Lenny Kravitz, Jennifer Lopez sind absolute Fans des weichen, angenehmen Leders, verführerisch und sinnlich für Hände und Arme, in den verrücktesten Farben und Größen, in Standard oder nach Maß – und für alle Anlässe, nicht zuletzt die Oscarverleihung. Aber auch zum Autofahren oder als Kälte- und Wärmeschutz taugen die Handschuhe aus dem Traditionsunternehmen – immer »très chic« und vom Feinsten gefüttert, gesteppt und verarbeitet. Seit 2008 befindet sich der elegante Laden im Garten des Palais Royal.

Enzo, engagierter Modedesignstudent, erzählt von den Anfängen des Traditionsgeschäfts: »1924 eröffnete Etienne Fabre seinen ersten Laden mit seinem Bruder in Millau. In einem winzigen Haus schneiderte er seine ersten Handschuhe aus Ziegenleder, damals noch ungefärbt. So richtig berühmt wurde das Familienunternehmen erst viele Jahre später durch seine Schwiegertochter Rose. Sie war dynamisch, reiste durch die ganze Welt, um ihre Kollektion in den führenden Modehäusern vorzustellen. Sie war es, die die kleine Fabrik ihres Mannes in ein florierendes Unternehmen verwandelte. Heute ist die Haute Couture Stammkunde. Feinstes Leder aus aller Welt, traditionelle Färbung, das Innenfutter aus Seide, Kaschmir, Bison, Hasenfell, Stickerei besetzt mit Perlen oder Edelsteinen – Fabre macht alles möglich.«

Rose Fabre ist es gelungen, aus einem Gebrauchsobjekt ein raffiniertes, elegantes Modeaccessoire zu schaffen, nicht nur für die Damenwelt. Das Geschäft im Palais Royal zeigt die schönsten Modelle, ist der Stolz des Unternehmens und eine wirkliche Augenweide – nicht nur für Besitzer ganz großer Portemonnaies.

Maison Fabre verwöhnt, verjüngt, schmeichelt, verschönt. Da applaudieren Ihre Hände doch glatt einmal sich selbst.

41 Fauchon

Gaumenbabel

Direkt hinter der Kirche La Madeleine liegt das Sündenbabel für jeglichen süßen und pikanten Gaumenschmaus. Der Gründer, August Félix – in der Normandie geboren, Lehrzeit bei Félix Potin –, eröffnete 1880 zuerst ein fahrendes Geschäft, »das Auto der vier Jahreszeiten«. Wenig später folgte der erste eigene Laden. Er spezialisierte sich auf frische französische Produkte, lockte allerdings damals schon mit einem breiteren, modernen Warenangebot; in seinem Sortiment fand man etwa auch die Bouillonwürfel der Marke Maggi. Im Winter von 1900 schrieb die Pariser Tagespresse: »Frische Kirschen aus Chile, frische Ananas aus Kenia bei Fauchon erhältlich! Erster Feinschmeckerkongress von sensationellem Erfolg!«

Auch heute, 130 Jahre später, hat diese Faszination nichts an Anziehungskraft verloren. Michel Dupont, Hobbykoch und Stammkunde, erliegt ihr immer wieder. »Bei Fauchon findet man alles, um ein königliches Feinschmeckermenü zusammenzustellen. Zum Apéritif empfehle ich Ihnen mit ›Foie gras de Canard‹ zu beginnen, kombiniert mit einem Gläschen Veuve Clicquot. Danach ein kleines Omelette mit frischen schwarzen Trüffeln aus dem Périgord, dazu vielleicht einen schönen Grand Cru aus Bordeaux. Falls Ihre Gäste lieber frische Austern oder Jakobsmuscheln essen, empfehle ich einen Chablis als Wein, schön kühl serviert. In die Gaumenpause passt ein kleines Sorbet aus Grapefruit, das entfettet den Magen.« Zur Vollendung der Menüfolge fährt er fort: »Danach eine kleine Käseauswahl mit einem Walnussbaguette. Zum Dessert schließlich einen ›Café Gourmand‹ mit einer Mini-›Crème brulée‹, einem winzigen ›Millefeuilles‹ und einer kleinen Portion ›Mousse au Chocolat‹. Zum Abschluss einen Calvados aus der Normandie oder einen Remy Martin aus Cognac. Santé!«

Sonst noch Wünsche? Fauchon, der Spezialist für Gaumensündiges lässt keine offen.

Adresse 26 Place de la Madeleine, 75008 Paris, Tel. +33 (1) 70393600, www.fauchon.com | **Anfahrt** M 1, 8, 12, Haltestelle Concorde; M 8, 12, 14, Haltestelle Madeleine | **Öffnungszeiten** Mo – Sa 8.30 – 20.30 Uhr

42 La Maison Février

Mein Federteil

Vorhang auf! Kostüme, Fächer, Kragen, Hüte, Boas, Accessoires für große Showbühnen, Kabaretts und Music-Halls ... La Maison Février kleidet seit 1929 alle berühmten Stars ein und ist seit über 80 Jahren weltweit als Spezialist bekannt, der Federn in jeder nur erdenklichen Form zur Geltung bringt. Legendär sind die großartigen Revuen von Mistinguett, Josephine Baker, Zizi Jeanmaire oder Dita Von Teese – um nur einige zu nennen.

Die »plumassières« (Federschmuckkreateure) beglücken mit ihrem Wissen und Handwerk nicht nur die großen Opernhäuser, den Cirque du Soleil, den Zirkus Bouglione, Disney, das Crazy Horse, das Lido, das Moulin Rouge oder das Cabaret Michou. Auch die Modewelt ist ganz verrückt nach all dem »Gefieder« in den tollsten Formen und Farben, noch dazu kunstvoll und virtuos verarbeitet. Eine Revue im Moulin Rouge läuft in der Regel vier Jahre lang mit zwei Aufführungen pro Abend. Da müssen die Kostüme etwas aushalten. Die beste Qualität ist gerade gut genug. Ebenso für Yves Saint Laurent, Lacroix, Givenchy, Jean-Paul Gaultier, Louis Vuitton, das Haus Dior, Nina Ricci, Thierry Mugler, Chanel. Sie alle, aber auch – man höre und staune – die Republikanische Garde und die Mitglieder der »Académie Française« sind gute Kunden von Février.

Heutzutage – und das ist ja das Schöne – kann man sich dort aber auch als Privatmann oder Privatfrau eine Boa am Meter kaufen, Omas geerbten Hut neu federn lassen, einen Kragen aus Federn für ein Abendkleid, einen schönen Fächer für die Handtasche oder einfach nur ein kostbares Kostüm oder Accessoire für eine ganz besondere Gelegenheit anfertigen lassen – wie etwa für eine Hochzeit oder den Karneval in Venedig.

Wie sang doch Zizi Jeanmaire so schön? »Mon truc en plume« – »Mein Federteil« ... Toulouse Lautrec, Jane Avril, Jacques Offenbach und der Cancan lassen bei dieser Gelegenheit herzlich grüßen. Das ist »féerique«, einfach zauberhaft, das ist Paris!

Adresse 11 Rue Lepic, 75018 Paris, Tel. +33 (1) 42337347, www.maisonfevrier.fr, contact@maisonfevrier.fr | **Anfahrt** M 2, Haltestelle Blanche | **Öffnungszeiten** Mo – Fr 9 –12.30 Uhr & 13.30 –17 Uhr, Atelier im Hinterhof: nur nach telefonischer Vereinbarung

43_ Fragonard

Das Parfum

Gedicht und sinnliches Gemälde – für feine Nasen: Die Parfümerie Fragonard gibt es seit 1926. Namensgeber ist der Maler Jean-Honoré Fragonard, der Lavendelfelder, Rosenplantagen und Olivenbäume in weltbekannten Rokoko-Ölbildern verewigt hat und so nicht nur als Pinselchronist der pikanten Perücken-Erotik wirkte, sondern bis heute auch als bildmächtiger Inspirator in der Welt der Düfte.

Das Wort Parfum, lateinisch »per fumum«, bezeichnete ursprünglich Weihrauch im weitesten Sinne. Man benutzte es in Form von Räucherstäbchen beispielsweise in Kirchen, um böse Geister zu vertreiben. In der arabischen Kultur wurden Öle hergestellt, um den Körper damit zu pflegen. Am Hofe Ludwigs XIV. wurde wiederum fleißig gepudert, gebadet hingegen eher selten. Olfaktorische Abhilfe schufen hier allerlei Duftwässerchen. Das Parfum wurde zum täglichen und unentbehrlichen Schönheitsprodukt für beide Geschlechter. Hübsche Fläschchen und atemberaubende Riechsalz-flakons verschwanden in den eingeschnürten Dekolletés der Damen. Nach einem durch die Enge bedingten oder auch wohlkalkulierten kleinen Ohnmachtsanfall konnte man die Holden damit praktischerweise wieder zum Leben erwecken.

Ein Parfum wird kreiert wie ein Musikstück – mit Duftnoten. Fragonard besitzt mehrere Duftorgeln und eine Schule, um Parfum-kreateure auszubilden. Man nennt diese Schnupperspezialisten eine »Nase« oder auch »Top-Nase«. Solch ein Riech-Experte ist in der Lage, 300 bis 600 verschiedene Duftnoten zu unterscheiden, es gibt nur wenige auf der ganzen Welt. Dementsprechend sind dies ausnehmend gut bezahlte Berufe. Fragonard hat inzwischen mehrere edle Boutiquen in Paris, die neueste befindet sich auf dem Montmartre in der Rue Tardieu. Man kann dort sehr günstig wertvolle Parfums in Fabrikflaschen zu Fabrikpreisen erwerben.

Schnuppern Sie sich durch: Wer weiß, vielleicht sind Sie ja eine »Nase« – und wissen es nur noch nicht?

Adresse 1 Bis Rue Tardieu, 75018 Paris, Tel. +33 (1) 42230303, www.fragonard.com |
Anfahrt M 12, Haltestelle Abbesses; M 2, Haltestelle Anvers | **Öffnungszeiten** Mo–Do
10.30–19 Uhr, Fr–So 10.30–19.30 Uhr

44 Galeries Lafayette Gourmet

G wie Gaumen

Die Galeries Lafayette direkt hinter der alten Pariser Oper: Das sind prächtige Gebäude mit einem gewaltigen Warenangebot für die ganze Familie. Weltberühmt ist die vergoldete Kuppel über mehrere Etagen. Jeder weiß, hier füllt sich die Einkaufstasche fürstlich.

Aber weiß auch jeder, wie göttlich sich hier der Gaumen kitzeln lässt? In der ersten Etage befindet sich das »Espace Gourmet« – ein Paradies für Feinschmecker, das sich über 3.000 Quadratmeter erstreckt. Hier gibt es das Beste aus der französischen Gastronomie zum Augenschmausen, zum Einkaufen, zum Verzehr vor Ort. An den Bistro- und Esstheken können die leckersten Erzeugnisse und Spezialitäten aus Frankreich und der ganzen Welt probiert werden. Neben den verschiedenen regionalen Besonderheiten gibt es auch eine Bio-Abteilung. Alles in allem eine lukullische Offenbarung: »Foie gras«, Trüffel, lebendiger Fisch, eine Bar, eine Theke für Austern und Meeresfrüchte; italienische Produkte samt Restaurant; Obst und Gemüse, Fleischwaren aus dem Elsass, feinste Käsesorten aus Rohmilch, eine traditionelle Metzgerei und Geflügel. Hier werden Ihre Geschmacksknospen nach allen Regeln der Kulinarik verwöhnt.

Wer es eilig hat, kann die köstlichsten Speisen als Fingerfood im Stehen verzehren; wer eine kleine Erholungspause braucht, nimmt gemütlich Platz. In der Fischabteilung lachen einen Lachs, Seezungen und Doraden an. Sushi wird nach Wunsch frisch zubereitet. Der Abteilungsleiter gibt Einblick in das Sortiment: »Bei uns gibt es Schinken aus Spanien, Italien und Korsika, gegrillten Fisch und Kaviar, orientalische und griechische Spezialitäten, eine Steaktheke und Plätzchen für die Kuchenfans. Wenn Sie möchten, stellen wir Ihnen einen gemischten Teller zusammen und schlagen den passenden Wein dazu vor. Der Kunde ist König!«

Lassen Sie Ihren Gaumen nicht allzu lange warten

Adresse 40 Boulevard Haussmann, 75009 Paris, Tel. +33 (1) 40235267, www.galerieslafayette.com | **Anfahrt** M 7, 9, Haltestelle Chaussée d'Antin – La Fayette | **Öffnungszeiten** Mo – Sa 8.30 – 21.30 Uhr

45__Jean Paul Gaultier
Gaga bis Herrenrock

Er steht im Ruf, *das* Enfant terrible der französischen Mode zu sein. Aus Unterwäsche wird Oberbekleidung, Frauenkleider und Röcke werden zum Männerlook – Jean Paul Gaultiers Mode ist schräg, witzig und kommt an. Der Meister zieht sich zwar von der Prêt-à-porter zurück, bleibt aber der Haute Couture und dem Parfum treu.

Wer kennt sie nicht, die schöne altrosa Parfumflasche oder die weibliche Glasbüste im Korsett? Inspiriert von der Großmutter, bei der er aufgewachsen war, realisierte er seine ersten Korsetts aus Seide und Leder als Oberbekleidung, entwarf nicht nur den weiblichen Parfumflakon, sondern auch eine männliche Version im Marinelook. Seine Röcke für Herren und andere ausgefallene Mode präsentiert er gern bei großen Events. Dabei setzt er unkonventionelle Models ein: ältere, übergewichtige, winzig kleine oder sehr groß gewachsene Frauen, tätowiert oder mit Piercing – je schräger, desto besser.

Sein Markenzeichen ist das gestreifte langärmelige T-Shirt im Marinestil. Viele seiner Kreationen sind von der Alltagskleidung und der Popkultur beeinflusst. Er entwirft streng formale, aber auch sehr verspielte Haute Couture, liebt die schönen Künste. Ob für Yvette Horner, Johnny Hallyday, Lady Gaga oder Dita Von Teese – er ist der Meister aller Bühnen-Outfits, auch die Filmszene schätzt seine Kostüme. »1990 hat er für Madonnas ›Blond Ambition Tour‹ die Garderobe entworfen. Allein das sexy rosa Seidenkorsett mit den konischen Formen ist unvergesslich. Da wird das Korsett zum Fetischteil, eine erotische Hommage an jede Frau. Gaultier ist genial!«, schwärmt ein Fan im Geschäft.

In einem luxuriösen Ambiente warten, majestätisch dekoriert, die neuesten Kollektionen darauf, von berühmten Fans, von Stars und Sternchen aus dem Showbusiness, von unbekannten Liebhabern oder einfach nur von Neugierigen entdeckt zu werden. Für den echten Gaultier-Anbeter gibt es keine andere Adresse als diese.

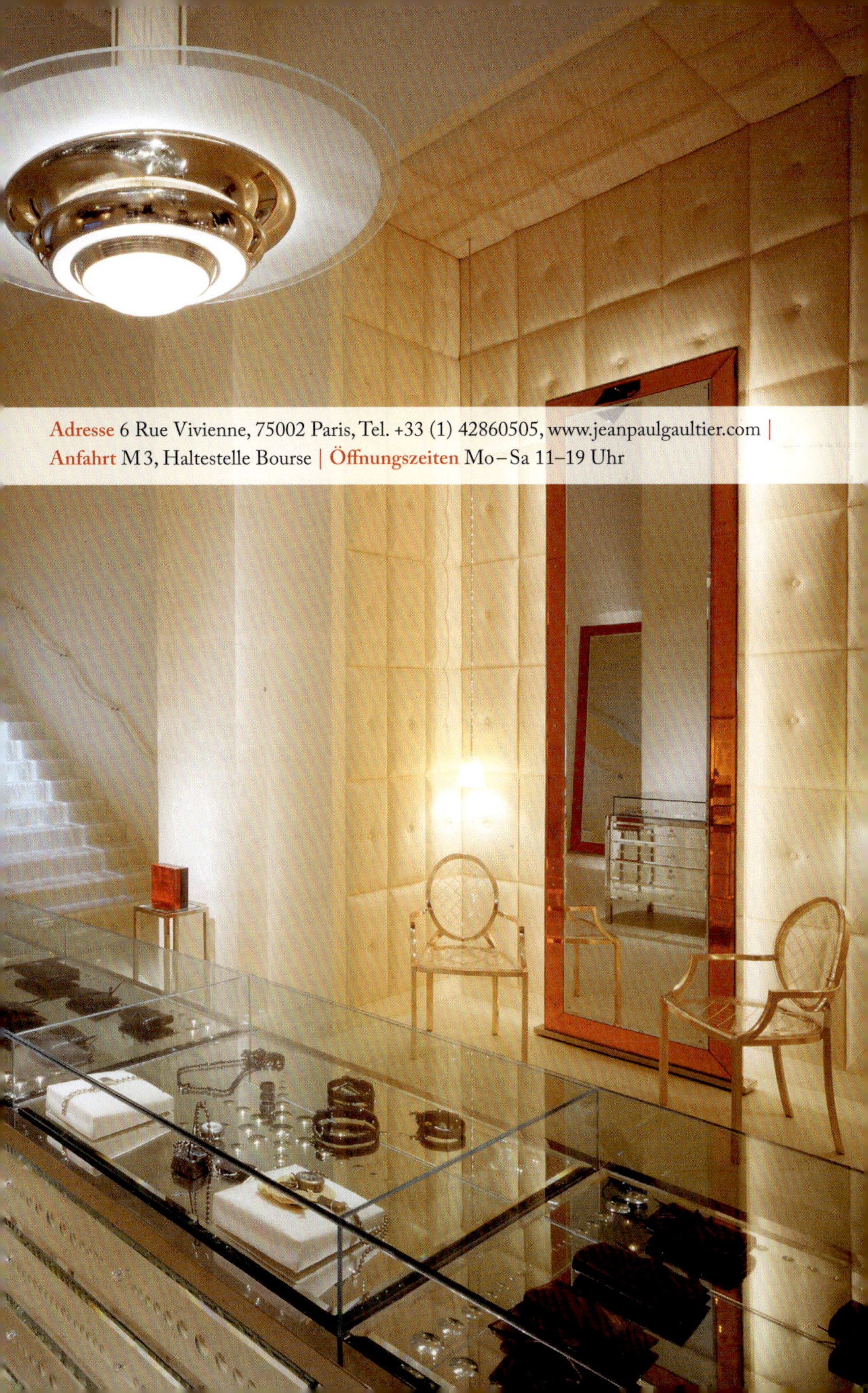

Adresse 6 Rue Vivienne, 75002 Paris, Tel. +33 (1) 42860505, www.jeanpaulgaultier.com |
Anfahrt M 3, Haltestelle Bourse | **Öffnungszeiten** Mo–Sa 11–19 Uhr

46 Laurence Gillery

Dem Wetterfrosch abgesagt

Selbst ist die Frau. Laurence Gillery gilt als Meisterin nicht nur der Wetteranzeiger. Sie beherrscht das Vergolden, die Holzbildhauerei, das Zeichnen. Und natürlich: Sie weiß, wie der Luftdruck gemessen wird, denn ihr Spezialgebiet ist das Barometer.

Luft besteht aus vielen Bestandteilen wie Sauerstoff, Stickstoff und Wasser. Das Gewicht dieses Gemischs drückt auf die Erde und wird Luftdruck genannt. Der italienische Physiker Torricelli hat das Barometer 1643 erfunden: Er füllte Quecksilber in ein langes Glasröhrchen, verschloss das eine Ende und tauchte das andere in eine Wanne mit Quecksilber. »Statt vollständig auszulaufen«, erklärt Laurence Gillery, »blieb ein Teil des Quecksilbers im Rohr, und zwar immer gleich viel, egal, wie weit er das Rohr eintauchte. Dafür sind die Luftteilchen verantwortlich. Ihr Gewicht drückt nämlich auf die Oberfläche des Quecksilbersees. Das Quecksilber wird in das luftleere Rohr reingedrückt, und sein Pegel kommt dort zur Ruhe, wo es sich im Gleichgewicht mit dem Luftdruck befindet. Das System selbst ist eher einfach zu reparieren. Komplizierter ist müdes Holz. Es muss in vielen Schichten wieder aufgebaut werden. Aber bisher hat es noch kein Barometer gegeben, das mir Widerstand geleistet hätte«, schmunzelt die Meisterin, die ihr Wissen von ihrem Vater gelernt hat.

Im hinteren Teil des Geschäfts befindet sich die Werkstatt für defekte Barometer, Thermometer, Wandspiegel und andere Antiquitäten. Da werden Quecksilberrohre gereinigt, entlüftet und Gewichte ausgetauscht, eine Paste aus weißem Kleber gekocht, um schichtenweise das Holz zu verarzten, bevor es mit Blattgold verziert wird. Der Laden ist aber nicht nur Werkstatt, sondern schön wie ein Museum: vergoldete Spiegel, Barometer, Holzfiguren aus der Zeit Ludwigs XV. bis zu Napoleon III. Die gekrönten Häupter hätten Laurence Gillery sicherlich zur Hofmeisterin des angesagten Luftdrucks ernannt.

Adresse 97 Rue des Martyrs, 75018 Paris, Tel. +33 (1) 42547597, www.gillery.com | **Anfahrt** M 12, Haltestelle Abbesses | **Öffnungszeiten** Mo—Sa nach telefonischer Vereinbarung

47__Girls and Roses
Exotisch, praktisch, gut

Ein Blumenladen ohne Blumen, gibt es das? Ja, und zwar hier. Die Girls & Roses, das sind zwei junge Floristinnen, Delphine und Philippa. Sie haben keine »Guns« und auch keine »Roses«, sind aber mindestens genauso »Rock 'n' Roll«.

Hier finden Sie exotische Zimmerpflanzen mit oder ohne Wurzeln; Pflanzen, die wie Fische im Wasser schwimmen, an Regalen ranken, in Glasglocken und Terrarien aus dem Fenster schauen, in Minikapseln als Schlüsselanhänger dienen. Ganz außergewöhnlich sind die organischen Handgranaten, die aus Blumensamen wie Vergissmeinnicht, Veilchen, Thymian recycelt sind und die man auf jeden Erdboden werfen kann, um die Umwelt auf natürliche Art damit zu erfreuen.

»Für alle, die nicht gerne gießen, haben wir Steinpflanzen aus der Wüste, die brauchen gar kein Wasser. Dann gibt es die Tillandsien, deren Wurzeln wachsen in der Luft. Oder die Treekis in den kleinen Glaspokalen von der Green Factory. Sie funktionieren wie ein Mini-Gewächshaus und brauchen nur alle sechs Monate ein wenig Wasser. Treekis schaffen sich ihr eigenes Ökosystem. Sie absorbieren das Licht, setzen es dann in Energie um – Photosynthese eben. Das Wasser verdampft, kondensiert und reinigt sich selbst. Ganz gleich, ob Sie nun einen grünen Daumen haben oder nicht, bei uns braucht man kein gelernter Hobbygärtner sein, um schöne Zimmerpflanzen zu pflegen«, davon ist Philippa überzeugt.

Neben all den exotischen Miniaturgewächsen, den Agaven, Kakteen und den Karnivoren-Leckermäulchen, die Insekten vernaschen, gibt es hier auch Wasserpflanzen, Hyazinthen und Sukkulenten, die das Herz eines jeden Grünanbeters höher schlagen lassen. Ob in winzigen tragbaren Plastikobjekten, in künstlerisch installierten Terrarien, in von der Decke her baumelnden Glaskugeln oder schwimmend im Kerzenlicht – der Phantasie sind bei Girls & Roses keine Grenzen gesetzt. Hier rockt das Grün auch ohne Rosen.

Adresse 32 Rue Montorgueil, 75001 Paris, Tel. +33 (9) 81302101, www.girlsandroses.com |
Anfahrt M 4, Haltestellen Étienne Marcel & Les Halles | Öffnungszeiten Mo 14–19 Uhr,
Di–Fr 11–19.30 Uhr, Sa 11–20 Uhr

48__Gudule

Schmuck nach Gewicht

Direkt neben der Bastille befindet sich das Schmuckgeschäft Gudule. Hier gibt es sowohl modernen als auch antiken Schmuck, Steine und Perlen, ethnische Objekte. Das Besondere: Hier wird gewogen. Ob Silber oder Edelsteine, der Preis geht nach Gewicht. Und: Schmuck ist nicht einfach Schmuck, er hat eine symbolische Bedeutung.

»Wir arbeiten mit traditionellen Schmuckhandwerkern aus der ganzen Welt. Bei uns ist alles handgemacht. Jedes Schmuckstück ist ein Unikat. Bei uns finden Sie Edelsteine, Mineralien, Quarz, Türkis, Topas und natürlich 925er Silber zu günstigen Preisen«, so die Inhaberin. Besonders wichtig ist ihr die Bedeutung der Steine. Sie kennt wie keine andere den Sinn und Zweck, den die mineralischen Steine und Quarze seit Jahrtausenden haben. »Rosa Quarz steht für Treue, Onyx für Ehrlichkeit, Jaspis symbolisiert Mut, Koralle Reinheit und Jade Weisheit. Perlen bedeuten Gesundheit, Karneol steht für den Adel, Aventurin für Freundschaft, Lapislazuli symbolisiert Gelassenheit, ein Obsidian verspricht Hoffnung, das Tigerauge steht für Liebe, und der Türkis verheißt Erfolg.«

Bei Gudule reist man in ferne Länder, nach Australien, Madagaskar, Chile, Afghanistan, Tibet, Japan, Südafrika, Brasilien, Kanada, Russland, Namibia, aber auch in die Alpen, von wo der Rosenquarz stammt. Gudule ist ein Konzeptprogramm, dahinter steht eine Lebensphilosophie: Respekt vor der Natur und fremden Kulturen. Die Edelsteine stehen aber auch in Korrelation zum Horoskop. Einige symbolisieren die zwölf Monate. »Rosa Quarz steht für den Januar, Onyx gehört zum Februar, im März ist es Jaspis, Koralle im April. Im Juni gibt es Perlen, der Juli zeigt Kornalin, zum August gehört der Aventurin, im September wird es gelassen mit Lapislazuli …«

Ob Sie nun einen treuen Januar, einen weisen Mai oder einen rolligen November wünschen – hier gibt es das Symbol dazu.

Adresse 3 Rue de la Roquette, 75011 Paris, Tel. +33 (1) 47008283, www.gudule.com |
Anfahrt M 1, 5, 8, Haltestelle Bastille | **Öffnungszeiten** Mo−So 11−21 Uhr

49__Guerlain
Taj Mahal und Blaue Stunde

Allein das Wort »Shalimar« beflügelt und entzückt wie eine Streicheleinheit auf der Haut. Guerlain, das ist Sinnlichkeit und Pariser Eleganz. Avenue Champs-Elysées, Hausnummer 68: Seit 1914 kommt man hierher, um sein Kultparfum zu kaufen. »Ruhm ist flüchtig, Berühmtheit von Dauer.« So die Devise von Pierre-François Pascal Guerlain, des Gründers von 1828.

Im November 2013 neu eröffnet, hat das Stammhaus Guerlain in der Champs-Elysées nichts von dieser Nonchalance verloren, sondern hat sich vergrößert, erweitert, wurde modernisiert. Auf 1.600 Quadratmetern über vier Etagen finden Sie heute einen Beauty-Tempel mit Restaurant, einen Laden für Kosmetik, Institute für Gesichts- und Körperpflege, Luxuskabinen und eine Ruhezone.

Dem Parfum ist die erste Etage gewidmet. Peter Morino, der Architekt, präsentiert sie majestätisch in Form einer Spiegelgalerie. Goldene Bienen, wie Kunstobjekte aus Flakonverschlüssen kreiert und geformt, reflektieren wie eine surrealistische, endlose Horizontlinie. Hinter Glas sind weitere Schätze zu sehen, die wertvollsten Parfums und Flakons aus Kristall, Silber und Gold aus der Vergangenheit bis heute, brillant in Szene gesetzt. Auch ganz seltene Museumsstücke sind hier ausgestellt – wie die berühmten »Entenflakons«. Von ihnen gibt es nur drei auf der ganzen Welt. Im Saal nebenan steht die Parfumorgel mit Hunderten der schönsten Düfte und Flaschen, Unikate, Originale – ein Duftaltar zum Anbeten und zum Bestaunen.

»Unsere Parfums tragen Namen wie ›Vol de Nuit‹ – Nachtflug. Dieser Duft wurde 1933 eigens zu Ehren von Antoine de Saint-Exupéry kreiert. ›L'Heure Bleu‹ – die Blaue Stunde aus dem Jahr 1912 war die Versinnbildlichung der schönsten Stunde des Tages, jene der Dämmerung. Bei ›Shalimar‹ ist es eine indische Liebeserklärung Kaiser Shah Jahans an seine junge Frau Prinzessin Mumtaz Mahal. Das Mausoleum Taj Mahal ist mindestens genauso berühmt wie unser Parfum«, erzählt die Verkäuferin augenzwinkernd.

Adresse 68 Avenue des Champs-Elysées, 75008 Paris, Tel. +33 (1) 45625257, www.guerlain.com | **Anfahrt** M 1, 9, Haltestelle Franklin D. Roosevelt | **Öffnungszeiten** Mo–Sa 10.30–20 Uhr, So 12–19 Uhr

50 Hippy Market

Mode zum Ausflippen

Sie sind ein Fan von Vintage und Secondhand? Sie ziehen ein gebrauchtes Unikat konformer Mode von der Stange vor? Sie lieben Pop, Folk und Beat, Flower-Power und Woodstock? Ihnen kann geholfen werden. Schauen Sie mal im Hippy Market vorbei, direkt hinter dem Hôtel de Ville in der Rue du Temple.

Der Kultursong »Hey Joe« dringt einem ins Ohr. Im Schaufenster locken echte Lederjacken, Motorradstiefel, Minikleider, Handtaschen, Sonnenbrillen, Hemden und Hotpants aus Jeans, Halstücher und Blusen in den schillerndsten Farben. Auch die Preise sind lässig. Auf mehreren Etagen verführen – Bügel an Bügel – tausende Kleidungsstücke und Accessoires, farblich sortiert wie in einem riesengroßen Regenbogen. Von der Decke baumeln LPs; die Wände leuchten in Orangetönen – sie sind mit originalen Mustertapeten aus den 1970er Jahren tapeziert. Neben der Kasse sitzt ein bunter Vogel in einem großen Käfig auf der Stange und zwitschert zur Musik. Der ist genauso abgefahren.

Einmal die Schwelle überschritten, wird man von den hübschen Jungs Eric Rey und Pipaul mit einem smarten Lächeln begrüßt. »Hier unten gibt es Schuhe, Frauenmäntel, Hüte, Wollmützen, Blusen, Röcke und auch ganz schräge Teile wie den rot karierten Schottenrock mit Tasche oder die Pumps aus Krokodilleder. In der Glasvitrine liegt Schmuck, und oben ist die Herrenabteilung. Mäntel, Trenchcoats, Jeans, Krawatten, Satinwesten, Ledergürtel, Turnschuhe, Armeejacken, Schlägerkappen, gebatikte T-Shirts ... Die 1970er Jahre, das war 'ne coole Zeit!«, davon sind die beiden überzeugt.

Der Hippy Market ist Secondhand-Oase im Flower-Power-Feeling und zugleich ein Prinzip: Wiedergebrauch, Wiederverwendung aus zweiter Hand, aber wie neu. »Wir respektieren die Umwelt. 100 Prozent Recycling, 100 Prozent Ethik. Bei uns hat jedes Kleidungsstück ein Recht auf ein zweites Leben. Hier gibt es nur Einzelstücke, originell und farbenfroh wie unsere Kundschaft!«

Be Hippy, be happy!

Adresse 21 Rue du Temple, 75004 Paris, Tel. +33 (9) 62246909, www.hippy-market.fr, contact@hippy-market.fr **| Anfahrt** M 1, 11, Haltestelle Hôtel de Ville **| Öffnungszeiten** Mo–Sa 11–20 Uhr, So 14–20 Uhr

51__Impossible

Hier stimmt auch die Chemie

Unweit des Cirque d'Hiver, dem Winterzirkus im 3. Arrondissement, wird das Unglaubliche wahr: Hier gibt es neues Sofortbildmaterial für alte Polaroid-Apparate, Klein- oder Großformate, Impulse- oder Image-Systeme, in Farbe und Schwarz-Weiß. Niemand braucht ein Experte in Chemie zu sein, um hier seine Fotos zu entwickeln. Bei Impossible gibt es alles, was man braucht, inklusive der kultigen Sofortbildkameras selbst. Mit seinen gekachelten Fußböden und Wänden wirkt das Interieur klinisch, sauber und kühl. Wie in einer transparenten Schatztruhe liegen die Instant-Filme nach Marke und Zweck geordnet in Päckchen von je acht Fotos aus. Versiegelt, gekühlt, garantiert ein Jahr haltbar. Das Resultat ist nach 30 bis 40 Minuten Entwicklungszeit zu sehen. Ganz so schnell wie ehemals die der Marke Polaroid sind diese Sofortbilder noch nicht fertiggestellt. Aber daran wird geforscht.

Das Projekt Impossible begann 2008. Polaroid hatte angekündigt, jegliche Produktion zu stoppen und schloss die Fabrik. Florian Kaps, André Bosman und Marwan Saba hatten die zündende Idee, Sofortbildmaterial für die bestehenden Polaroid-Apparate zu produzieren. Das Unternehmen Impossible wurde gegründet, die Produktionsmaschinen gekauft, die Fabrik im holländischen Enschede gemietet. Inzwischen gibt es Vertriebsbüros in Wien, Berlin, New York und Tokyo. »Ich habe damals mein Geschäft hier eröffnet, weil ich präsent sein wollte in ›la ville de la lumière‹, der Stadt der Lichter. Und zwar mit Service und Dienstleistung und nicht nur mit Experimentiermaterial. Eglantine Aubry und ich arbeiten im Team. Wir verkaufen neben dem Filmmaterial auch Polaroid-Fotoapparate, alt und neu, Bücher und T-Shirts und sind auf Messen und Fotoevents unterwegs. Polaroid lebt!«, sagt Peter Boesch, der aus Österreich stammende Inhaber.

Da schlägt das Herz eines jeden Amateur- oder Profifotografen höher. Android hat jeder; wiederentdecken Sie Polaroid! Bei Impossible stimmt auch die passende Chemie.

Adresse 77 Rue Charlot, 75003 Paris, Tel. +33 (9) 54186782,
www.the-impossible-project.com | **Anfahrt** M 8, Haltestelle Filles du Calvaire |
Öffnungszeiten Di – Sa 11.30 – 19 Uhr

52 Les Invasions Ephémères

Poesie zum Aufkleben

Und plötzlich verliert der Alltag sein Grau. Schon von außen ist man hingerissen: goldene Kinderschuhe mit Engelchen, lustige Telefonetuis, Schmuck in Pastellfarben, Kissen mit kleinen Kätzchen, witzige Haarspangen, blumige Koffer, ein schmetterlingsverzierter Eiffelturm; da zwitschert und flattert es – und ist doch still. Eine »flüchtige Invasion«? So die Bedeutung des Geschäftsnamens. Ganz und gar nicht. Vielmehr eine bleibende. Denn die Motive sind alle festgeklebt.

Die Sticker sind locker gezeichnet, herrlich blumig und noch dazu ganz einfach in der Handhabung. Im Handumdrehen kann jeder aus einer langweiligen Wohnungswand eine entzückende optische Illusion kreieren, ein Möbelstück neu dekorieren, ein Paar Kinderschuhe allerliebst verzieren. Mit einem Motivsticker aus der Kollektion von Pierre-Yves Toudic und Sofia Antonowich sind Ihrer Phantasie keine Grenzen gesetzt. Begonnen hat die gemeinsame Invasion im Jahr 2004 mit Schmetterlingen, Bambis und farbenfrohen Libellen als Sticker für Autos und Scooter. Ein großer Erfolg. Daraufhin wagen sie den nächsten Schritt: vom Auto in die Wohnung.

»Luftig, leicht und zart – wie Sternschnuppen, die vom Himmel fallen, so soll es sein. Neben den romantischen Wandaufklebern führen wir aber auch eine ganze Kollektion von Stickern für Handys, Brillen- und Reisepassetuis, für Handtaschenspiegel, Schlüsselanhänger, Computertasten, Möbel. Wir haben lebensgroße Silhouetten und winzig kleine Aufkleber. Sie finden niedliche Hunde- und Katzenmotive, Bambis und Engelchen für Kinder, aber auch Zeichnungen für Jugendliche und Erwachsene und Sticker als Borde und Friese für das ganze Haus. Daneben verkaufen wir Kissen, Schmuck, Knöpfe, schönes Papier, Briefumschläge, Portemonnaies, Etuis, geflochtene Einkaufstaschen, Geschirr, Kinderspielzeug, Kinderkoffer«, sagt Sarah, die Verkäuferin.

So schön kann eine Invasion sein.

Adresse 14 Rue Commines, 75003 Paris, Tel. +33 (9) 71426629,
www.lesinvasionsephemeres.com | **Anfahrt** M 8, Haltestelle Filles du Calvaire |
Öffnungszeiten Di–Sa 11–20 Uhr

53 __ Izrael
Délicieux!

Schlaraffenland der Gewürze, öffne dich! Zwar ist der Laden nicht besonders groß, aber was für eine Auswahl! Der Duft von Tausenden von Gewürzen und Kräutern steigt in die Nase; Mehl liegt in offenen Säcken; Rosinen und Obst bieten sich in den saftigsten Farben feil; Gewürzgurken, Oliven, getrocknetes Gemüse, eingelegte Tomaten machen den Mund wässrig; da muss die nächste Diät warten.

Bei Izrael gibt es seit fast 70 Jahren – wie die alte Registrierkasse verrät – nichts, was es nicht gibt. Vom Fußboden bis unter die Decke türmen sich exotische Waren, seltene Liköre, Biskuits, Brot und Konserven. Spezialitäten aus aller Welt lagern hier wie in einem Kuriositätenkabinett auf engstem Raum gestapelt und sortiert. Ein Sammelsurium aus orientalischen Gerüchen und schillernden Farben. Um sich nicht unnötig in der »Welt der Gewürze« – wie es auf dem Schaufenster steht – zu verlieren, sagt man am besten gleich der Chefin Françoise, was man will. Sie verschwindet dann hinter den Regalen und findet im Handumdrehen das Gesuchte.

Einmal Kunde, immer Kunde. So wie Veronique, die angesichts des Sortiments ins Schwärmen gerät: »Wir kommen seit Jahren her. Ob Kichererbsenmehl, indische, thailändische, mexikanische, amerikanische oder englische Gewürze – hier finden Sie alles. Die grünen und roten Currypasten, die getrockneten grünen Zitronenblätter und die Auswahl an Pfeffersorten aus Indien, Nordafrika, Nahost, Kamerun, Jamaika oder auch die Mischungen sind einfach sagenhaft! Ich persönlich liebe die Nüsse aus Brasilien. Délicieux! Mein Mann ist süchtig nach Lebkuchen und dem spanischen Nougat Turrón. Da braucht man nicht auf den nächsten Urlaub zu warten, alle diese Delikatessen findet man hier.«

Ob eingelegte Oliven, Feta am Stück, Weinblätter, gefüllte Paprikaschoten, Sardellen oder marinierte Heringe – es ist ein Gefühl, als müsste man nur den Mund aufhalten, und das Festmahl flöge von ganz allein hinein.

Tomates Confites 34 €/kg

Naturelle 24 €/kg

Cornichons au Sel 12 €/kg

Adresse 30 Rue François Miron, 75004 Paris, Tel. +33 (1) 42726623 | **Anfahrt** M 1, Haltestelle Saint-Paul | **Öffnungszeiten** Di–Fr 11–13 Uhr & 14–19 Uhr, Sa 11–19 Uhr

54 Kineton

Fest im Sattel

Hoppe, hoppe Reiter, wenn er fällt, dann … aber nein! Diesem Kunden kann geholfen werden. Gehen Sie lieber gleich zu Kineton. Hinter der romantischen Brücke Mirabeau – vor der Kulisse der Freiheitsstatue und des Eiffelturms – und unweit des Hippodrome d'Auteuil befindet sich das Fachgeschäft für Pferd und Reiter mit Riesenauswahl. Die Inhaber, Monsieur und Madame Robiez, sind absolut sattelfest: »Wir reiten selbst und sind vom Fach. Wir wissen, welcher Sattel gut sitzt. Die richtigen Stiefel, Zylinder, Reitkleidung, Zaumzeug, Zügel, Decken und Hufeisen – all das gibt es bei uns. Wir sind Mitglied bei ›Euroriding‹ und arbeiten mit über 80 verschiedenen Sattelherstellern aus ganz Europa zusammen.«

Aber Kineton hält auch selbst noch die Zügel in der Hand. Gemeinsam mit der Firma Passier führen sie einen Reitstall, »Écurie«. »Wir züchten Pferde, bilden sie aus, dressieren. Wir nehmen an Rennen teil, sind bei den großen Meisterschaften präsent, bei uns gilt die Devise: Hürden sind zum Überspringen da!«

Siegertrophäen und Podiumsfotos repräsentieren den Erfolg. Rund um die Uhr sind die Robiez im Einsatz. Bestellungen entgegennehmen, Pakete postfertig machen und gleichzeitig stets freundlichst der Ladenkundschaft mit Rat und Tat zur Seite stehen. Ob Anfänger oder Profireiter, ob eine komplette Reitausrüstung oder ein winziges Detail; für jeden wird das Richtige gefunden. Sport soll ja auch Spaß machen und gute Qualität erschwinglich sein.

Die Robiez sind nicht nur sportlich, sie sind auch sympathisch und haben Herz. So haben sie auf der letzten Pferdemesse von Paris, im Rahmen der Pariser »Horse Trophy«, für die Tombola der »Cavaliers du Cœur« – Reiter des Herzens – ein paar wertvolle Reiterstiefel für die Herzchirurgie gestiftet. Und unser Kunde Hoppe-Reiter? Der fällt eben *nicht* in den Graben – der reitet nun durchs Ziel!

Adresse 6–10 Rue Mirabeau, 75016 Paris, Tel. +33 (1) 40506093, www.kineton.fr | Anfahrt M 10, Haltestelle Église d'Auteuil | Öffnungszeiten Di–Sa 10–13.30 Uhr & 14.15–19 Uhr, im August geschlossen

55 Adeline Klam

Nippons Schöpfungen

Sie ist Künstlerin, schneidet, faltet, knickt und zaubert Dekorationsobjekte aus japanischem Papier: Adeline Klam. Ursprünglich hat sie als Innendekorateurin und als Mode- und Hochzeitsfotografin gearbeitet. Auf einer Reise in die USA entdeckte sie das Japanpapier. Sie nahm mit traditionellen Herstellern vor Ort Kontakt auf und lernte, wie man Papier schöpft, bearbeitet und nach verschiedenen Techniken faltet.

Ursprünglich diente ihr Laden als Atelier und Experimentierort für die Entwicklung ihrer Faltkunst. Unwiderstehlich angezogen von den bezaubernden Kreationen kamen Passanten vorbei, wollten diese kaufen und interessierten sich für die Herstellungstechniken. »Also habe ich meine Pforten geöffnet! Ich habe mein Geschäft gegründet und meine eigenen Schöpfungen präsentiert. Neben dem Verkauf organisiere ich regelmäßig Workshops«, sagt Adeline Klam.

Bei all der Vielseitigkeit, der gigantischen Quantität in feinster Qualität kann es einem schwindelig werden: Neben handgemachten Lampenschirmen, Girlanden und Papiervögelchen sind hier Fotoalben, Briefpapier, Grußkarten, Schatullen, Schachteln, Lampions und vor allem eine Riesenauswahl an wertvollem Papier zu finden, Bogen für Bogen wie Stoffballen präsentiert. Manche Bögen sind einzeln im Siebdruckverfahren hergestellt und gleichen Kunstwerken. Einfarbig, geblümt, matt, hochglänzend oder genoppt: Hier gibt es beste Qualität aus Japan mit den schönsten Mustern und Farben, fröhlich und frisch. Sie eignen sich zum Buchbinden, Basteln, Dekorieren oder Einpacken. Wer mehr will: Adeline Klam bietet die inspirierendsten Ideen rund ums Papier und das nötige Material zum Selbermachen gleich dazu. Darüber hinaus führt sie Teetassen und Stoffkissen, Bücher und Lehrmaterial. Selbstverständlich immer inklusive: die freundliche Beratung.

Da braucht man auf die japanische Kirschblütenzeit oder auf die aufgehende Sonne nicht länger zu warten, beide kommen mit Adeline direkt ins Haus.

Adresse 54 Boulevard Richard Lenoir, 75011 Paris, Tel. +33 (1) 48072088,
www.adelineklam.com, contact@adelineklam.com | **Anfahrt** M 5, Haltestelle
Richard-Lenoir | **Öffnungszeiten** Mo – Sa 11 – 19 Uhr

56__Pierre Koenig
Frei wie die frische Luft

Was sind eigentlich Bouquinisten? »Die gehören doch zum Stadtbild an der Seine. Bei ihnen bekommen Sie alte Bücher, Comics und Souvenirs. Das sind Buchläden im Freien«, so die prompte Antwort einer Passantin. Ursprünglich waren die Bouquinisten fliegende Händler, manchmal auch Vagabunden. Sie verkauften Bücher, Gravuren, Erotika – verbotene Ware, oft illegal. Verständlicherweise reagierten die damaligen Buchhändler mit Zorn. Seit 1649 müssen nun alle grünen Kästen an der Seinemauer fest angeschraubt und registriert sein.

Pierre Koenig, passionierter Buchsammler, erinnert sich: »Es war mein Großvater, der mir die Leidenschaft zum Lesen und Sammeln mitgegeben hat. Darum wollte ich immer Bouquinist werden. Die Bücher werden gekauft, gelesen, weiterverkauft. Das ist ein Kreisel, das Ding geht weiter, dreht sich.«

Eigentlich ist Pierre Autor und Schauspieler, aber vor einigen Jahren hat er bei der Stadt Paris einen Antrag gestellt, um vier der heute genormten Kästen zu ergattern. 240 Bouquinisten sind es heutzutage, über 500.000 Bücher und unzählige Gravuren, Zeitschriften, Briefmarken, Postkarten. Jeder Bouquinist darf maximal vier Kästen besitzen; jeder davon ist zwei Meter lang und 0,75 Meter breit. Sie befinden sich auf beiden Ufern der Seine. Linker Hand vom Quai de la Tournelle bis Quai Voltaire und rechts von der Pont Marie bis zum Quai du Louvre. Pierre Koenig hat die Nummer 48, direkt gegenüber vom Restaurant »Le Trumilou«. Die Bücher hat er in Plastik eingeschlagen, und abends kommt eine Decke darüber. Die größten Feinde sind Regen, schlechtes Wetter und Überschwemmungen.

Bouquinist sein, das ist auch Lebensart und -philosophie. Man geht die Dinge ruhig an, ist cool. »Hast Du den jungen Musiker da eben gesehen? Der spielt Akkordeon und sucht Liedgut aus den 1930er Jahren. Wird nicht ganz einfach, aber ich finde das. Mein Luxus ist die Zeit!« Pierre Koenig ist ein freier Mann – »un homme libre«.

Adresse Bouquinist am Quai de l' Hôtel de Ville Nr. 48, 75004 Paris,
www.bouquinistedeparis.com | **Anfahrt** M 7, Haltestelle Pont Marie; M 1, 11, Haltestelle
Hôtel de Ville | **Öffnungszeiten** je nach Wetter, nachmittags bis zum Dunkelwerden

57 Ladurée
Das Auge schmaust mit

Beliebter Treffpunkt nicht nur für Damenkränzchen. Hier wird das Pariser Café zum luxuriösen Teehaus. Angefangen hat die Saga des Hauses Ladurée 1862, direkt neben der »Madeleine«. Nach einem Brand verwandelte Louis Ernest Ladurée seine Bäckerei in eine Konditorei und beauftragte den Maler Jules Chéret, eine effektvolle neue Innendekoration zu realisieren, inspiriert von der Opéra Garnier. Schließlich isst das Auge mit. Er schuf eine himmlische Dekoration mit pausbäckigen Engelchen, ein wahrer Augenschmaus.

»Unsere Macarons sind ein Geheimrezept. Da sind Mandeln, Eier und Zucker drin, mehr darf ich nicht verraten. Das Rezept ist heute noch genau dasselbe wie damals, zu Beginn des 20. Jahrhunderts. Zwei runde Macarons, dazwischen eine köstliche Creme«, erklärt der freundliche Verkäufer hinter dem Ladentisch.

»Wissen Sie, dass die Idee, ein Teehaus zu eröffnen, von Monsieur Laudrées Gattin Jeanne Souchard stammt? Sie war ihrer Zeit voraus, modern und kultiviert. Die literarischen Salons wurden immer weniger besucht. Also warum nicht etwas Neues erfinden? Ein Event, wie wir heute sagen würden. Ein Ort als Treffpunkt, an dem sich die Frau von damals in sicherem Ambiente zum Plaudern und zum Schlemmen von leckeren Süßigkeiten samt exklusivem Tee in luxuriöser Innenausstattung mit anderen Damen verabreden und treffen konnte.« Genialer Gedanke. Noch dazu gut platziert in der Nähe der großen Einkaufsgalerien und Kaufhäuser von damals.

Heutzutage gibt es mehrere Geschäfte und Teesalons von Ladurée in Paris; einer schöner als der andere. Ganz besonders ist der Laden in der Rue Bonaparte Nummer 21. Im Jahr 1997 mitten im Herzen von Saint-Germain-des-Prés eröffnet, entspricht auch dieser Salon exakt den Luxusansprüchen von damals. Himmlische Dekoration, bequeme Sitzmöglichkeiten, ausgesuchte Menüs, exotische Teesorten, kombiniert mit Macarons und anderen Leckereien. Tee trinken heißt nicht abwarten.

Adresse 21 Rue Bonaparte, 75006 Paris, Tel. +33 (1) 44076487, www.laduree.com |
Anfahrt M 4, Haltestelle Saint-Germain-des-Prés | **Öffnungszeiten** Mo – Fr 8.30 – 19.30 Uhr,
Sa 8.30 – 20.30 Uhr, So 10 – 19.30 Uhr

58 Le Laguiole du Marais

Mehr als des Messers Schneide

Neben dem Vogesenplatz, auf der anderen Seite des Hauses von Victor Hugo, liegt der kleine Laden für erlesene Spitzfindigkeiten: Messer aus Laguiole auf knapp 15 Quadratmetern Ladenfläche. 1829 wurde in Laguiole, einem kleinen Dorf im Aveyron im Südwesten, das bescheidene Bauernmesser erfunden. Seine »abeille«, die Biene, die die Feder des Messers ziert, ist das Zeichen für Qualität und Prestige und trug dazu bei, dass daraus das berühmteste Messer Frankreichs wurde.

Jedes dieser Messer ist einzigartig. 109 Arbeitsschritte sind nötig für ein einteiliges Modell, 166 für das zweiteilige und 216 Arbeitsschritte für das dreiteilige. Es wird individuell verhärtet, nach Augenmaß per Hand angepasst und von ein und derselben Person zusammengebaut. Feder und Klinge werden manuell verziert. Die ersten Messer wurden aus Knochen oder Horn hergestellt, den härtesten Materialien, die es zur damaligen Zeit gab, denn solch ein Messer musste etwas aushalten. Es wurde bei Wind und Wetter benutzt und hielt ein ganzes Leben lang. »Heute verwendet man Holz, das ist leichter zu bearbeiten. Während die damaligen Messerschmiede auf die einheimischen Hölzer zurückgriffen, geht heute der Trend zu edlen Hölzern wie Akazie, Wacholder und zu den »Exoten« wie Schlangenholz, Palisander, Baco. Diese Modelle sind eine Freude für jeden Sammler – die perfekte Vereinigung von Stahl, Messing, Edelstahl und Holz. Elfenbein nimmt man heute nicht mehr, nur noch Mammut-Elfenbein, man will ja die lebenden Tiere schützen«, erklärt Marie-Christine, die Verkäuferin.

Schon lange hat das Taschenmesser Opas Hosentasche verlassen, um sich auf dem Esstisch breitzumachen. Mit Gold oder Silber, Perlmutt oder Horn verziert, findet es Verwendung in den teuersten Restaurants. Auch die Welt des Weines hat es als Korkenzieher erobert, jeder professionelle Kellner hat es in seinem Besteck.

Le Laguiole de Marais – ganz schön scharf!

Adresse 6 Rue du Pas-de-la-Mule, 75003 Paris, Tel. +33 (1) 48874688, www.laguiole-marais.fr, laguioledumarais@orange.fr | **Anfahrt** M 8, Haltestelle Chemin Vert; M 1, 5, 8, Haltestelle Bastille | **Öffnungszeiten** Di – Sa 10.30 – 19 Uhr, Mo & So 14 – 19 Uhr

59_ Legrand Filles et Fils

In Bacchus' Armen

In vino veritas! Frankreich mit dem Gaumen erobern, das ist Legrand. Lauter gute Tropfen gibt es hier, jede Flasche atmet Tradition. »Eigentlich sind wir eine ›épicerie fine‹, ein Feinkostladen. Seit 1880 werden bei uns Gewürze aus Indien, Tee, Kaffee und Schokolade, aber auch Rum und Wein verkauft«, so Camille Méric-Cohen.

Hier gelangen unbekannte Weine zu Berühmtheit, Weinbauern werden präsentiert, Techniken der Herstellung und der richtigen Aufbewahrung vorgeführt. »Kosten und genießen Sie edle Tropfen! Wir organisieren Weinproben zu verschiedenen Themen. Tauchen Sie ein in die Weinwissenschaften! Wie trinkt man einen guten Wein: in welchem Glas, aus welcher Karaffe, welche ist die beste Temperatur, wie bewahre ich ihn auf? Gutsbesitzer und Weinbauern werden eingeladen und vorgestellt. Wir möchten unserer Kundschaft zeigen, wie der Wein genau angebaut wird, wer sich wie darum kümmert. Bei solchen Events gibt es natürlich auch immer eine Kleinigkeit zu essen und manchmal einen ganz seltenen Tropfen aus der Schatzkammer des jeweiligen Weingutes.«

Hinter dem edlen Feinkostladen befindet sich das Bistro, in dem man sich rund um die Uhr leckere kleine Mahlzeiten schmecken lassen kann, aber auch erlesene Whiskysorten, Armagnac oder Eau de vie. Der Keller darunter gleicht einem königlichen Lagerraum mit all den Holzkisten mit ihren Schlossemblemen. Legendär sind die Abendprogramme in dieser Welt des Weins. »Die Kunst und der Wein feiern zusammen«, so lautet beispielsweise ein Motto. Kombiniert wird Wein mit Malerei, Jazzmusik, Zauberkunst und Showprogramm. »Wir beginnen den Abend mit einem Glas Champagner, durchqueren die ›épicerie‹ und enden in der ›Galerie Vivienne‹, die wir für diese Anlässe für unsere Kunden reserviert haben. Zu jedem Programmteil servieren wir den passenden Wein.«

Kurz: Legrand lebt die Wahrheit des Weines. Leben Sie mit!

Adresse 1 Rue de la Banque, 75002 Paris, Tel. +33 (1) 42600712, www.caves-legrand.com, info@caves-legrand.com | **Anfahrt** M 3, Haltestellen Bourse & Sentier | **Öffnungszeiten** Mo−Sa 10−19.30 Uhr

60 Lindell & Co

Ornament, Okzident, Orient

Gabrielle Soyer ist ihre eigene Marke. Die Textildesignerin wurde in Schweden geboren, wuchs als Kind in Deutschland auf, hat später die Welt bereist und in Indien gelebt. Jetzt wohnt sie in Frankreich. Bevor sie 2008 ihr Geschäft Lindell & Co gründete, arbeitete sie für Ralph Lauren, Donaldson und Bensimon.

Die Kissen und Teppiche, die sie in ihrem kleinen Atelierladen im 11. Arrondissement präsentiert, sind nach ihren Zeichnungen auf das Genaueste und von Hand von indischen Heimarbeitern in Kaschmir nach alter Tradition gestickt worden. »Farbe ist für mich alles. Ein Kissen ist wie ein Gemälde. Ich habe mehrere Jahre in Indien gelebt. Die seit Generationen überlieferte Sticktechnik in Kaschmir sowie mein künstlerisches Ausdrucksbedürfnis haben mich zu meinen Kollektionen inspiriert. Die Situation im Himalaya ist nicht ganz einfach. Man muss erst mal die richtigen Kunsthandwerker vor Ort finden. Ich habe hohe Ansprüche und will nur das Beste«, erzählt Gabrielle Soyer. Mit schwedischer Frische und Wagemut ist es ihr gelungen, ihre künstlerische Sensibilität mit der Sticktechnik des alten Indien zu verknüpfen. Aus diesem Wissen in Zusammenwirkung mit ihrer Kreativität ist eine luxuriöse, fröhlich-bunte Kollektion von Kissen, Teppichen, Reisedecken und Stolas entstanden.

Heutzutage ist Lindell & Co weltweit bekannt für anspruchsvolle Qualität und Verarbeitung, für ausdrucksstarke Farb- und Motivkombinationen. Jede Kollektion ist elegant und harmoniert nicht nur mit modernem Design, sondern sie bringt einen Touch von orientalischer Pracht und ist eine erfrischende Bereicherung für jedes Interieur. Man muss ja nicht gleich die ganze Wohnung neu streichen, ein poppiges, farbenfrohes Kissen reicht manchmal schon aus als ultimative Vitamintablette für jede Wohnungseinrichtung.

Oder wie Gabrielle Soyer sagen würde: »Ein Haus ohne Kissen … das ist traurig!«

Adresse 14 Rue du Grand Prieuré, 75011 Paris, Tel. +33 (1) 43574342, www.lindellandco.com | **Anfahrt** M 5, 9, Haltestelle Oberkampf | **Öffnungszeiten** Di−Fr 10−13 Uhr & 14.30−18 Uhr

61__Losco

Leder mit Indianerblut

Wussten Sie, dass Losco seine Liebe und Leidenschaft für gutes Leder von den Indianern aus dem Westen der USA nach Paris gebracht hat? Nein? In den 1970er Jahren durchquerte Monsieur Losco Westamerika mit einem VW-Bus. Begeistert von der Art und Weise, wie die Indianer das Leder nach alten Traditionen gerbten und verarbeiteten, wollte er genau auf diese Weise Gürtel von bester Qualität in seinem Pariser Atelier herstellen. Es war der Beginn einer Erfolgsgeschichte: 1979 eröffnete er seine erste Boutique samt Werkstatt in Paris, 1993 folgte Tokio, 2006 Palma de Mallorca. Im gleichen Jahr machte der Laden im Marais auf.

Losco legt Wert auf eine genaue Bezeichnung seiner Arbeit. »Wir sind keine Verkäufer, wir sind Ledergürtelhersteller und kreieren alles nach Maß und Geschmack. Leder und Schnalle können ausgesucht werden, wir machen den Gürtel vor Ort. Seit 30 Jahren sind wir ein gutes Team, derzeit bestehend aus sieben Personen. Das Leder kommt aus Italien, Frankreich und Spanien.«

In der Boutique riecht es herrlich nach edlem Leder. Gürtel sind meterweise in den schönsten Formen und Farben ausgestellt. In Glasvitrinen liegen exotische Schnallen, präsentiert wie Kunstobjekte in einer Galerie. In Holzschränken mit vielen Schubladen sind all die anderen Dinge verborgen, die für die individuelle Kreation Ihres Lederteils vielleicht noch gebraucht werden. Direkt neben der Eingangstür steht ein Werkstatttisch mit Stanze und Arbeitsmaterial. Laurence, die freundliche Atelierchefin, steht bereit, die nötigen Löcher für den Bauchumfang in Ihren nagelneuen Gürtel zu stanzen.

»Wie ich erst kürzlich erfahren habe, hatte mein Großvater Angelo in der Rue Rambuteau eine Schusterwerkstatt und stellte Zaumzeug für Pferde her. Das war in den 1920er Jahren. Der hatte auch schon die Leidenschaft fürs Leder im Blut!« In Loscos Gürteln – so scheint es – leben der alte Westen und die Pariser Pferdeoper noch heute.

Adresse 20 Rue de Sévigné, 75004 Paris, Tel. +33 (1) 48043993, www.losco.fr | **Anfahrt** M 1, Haltestelle Saint Paul | **Öffnungszeiten** Mo, Di & So 14–19 Uhr, Mi–Sa 11–19 Uhr

62 __ Christian Louboutin

Rot sehen und sterben

Was sind Louboutins? Keinesfalls nur Schuhe. Vielmehr die Waffen einer Frau für den großen Auftritt. Christian Louboutins Kreationen sind pure Verführung – in Lack, mit Schlangenhaut oder Raubtierfell bezogen, High Heels von 13 Zentimetern Höhe. Wirft »frau« die Beine in die Luft, glänzen die rot lackierten Sohlen, beim Laufen wird jeder Bürgersteig zur selbstbewussten Sündenmeile.

»Ein Schuh ist das schönste weibliche Accessoire, weiblicher als jedes Kleid.« Davon ist Louboutin überzeugt. »Der Absatz festigt Po und Schenkel, streckt Rücken und Brust und harmonisiert die gesamte Silhouette. Er sorgt für das perfekte Finish eines jeden weiblichen Outfits. Früher galten hohe Absätze als ordinär, heute stehen sie für Stärke.«

In einer Seitenstraße gegenüber dem Louvre, neben der unter Denkmalschutz stehenden Galerie Véro-Dodat, befindet sich in der Rue Jean-Jacques Rousseau das außergewöhnliche Schuhparadies des Christian Louboutin: bunte, fröhliche Farben, junge, dynamische Verkäufer, originelle Dekoration, Kunden aus der ganzen Welt. Neben den weltberühmten hohen, spitzen High Heels finden Sie hier Veloursleder-Overknees im Westernstil, Handtaschen, aber auch flache Sandalen, Tanzschuhe, Unisex-Segeltuchschuhe, Mokassins für Männer, ausgeflippte Turnschuh-Kreationen aus feinstem Leder, Plastik, PVC, Stoff- oder Fellbezug, bestickt, bedruckt, mit Nieten, Diamanten oder Nägeln besetzt – verrückt, frech, unverschämt.

Die große, dunkle Fläche unter seinen Schuhen empfand er immer schon als störend. Die Idee, die schwarzen Sohlen mit Lack rot zu pinseln, kam dem Schuhgenie, als er seiner Assistentin beim Lackieren ihrer Fingernägel im Büro zuschaute. Sein Markenzeichen war gefunden. »Die roten Sohlen sind ein Flirtelement – wie das Pendant zu den Lippen einer Frau. Wie ein Abschiedskuss, wenn sie über den Asphalt davontanzt und das Rot aufblitzt.«

Rot sehen und sterben …

Adresse 19 Rue Jean-Jacques Rousseau, 75001 Paris, Tel. +33 (1) 42365366, www.christianlouboutin.com | **Anfahrt** M 1, 7, Haltestelle Palais Royal – Musée du Louvre | **Öffnungszeiten** Mo – Sa 10.30 – 19 Uhr

63__Didier Ludot

Kennedy, Kelly oder Hepburn?

Zwischen Molières Theater, der Comédie-Française und dem Haus von »Colette«, im Herzen des Palais Royal in der Galerie Montpensier, liegt das Geschäft von Didier Ludot, dem Meister der »Haute Couture Vintage« schlechthin.

Bereits das Schaufenster macht neugierig auf das, was einen im Inneren erwartet: Louis Vuitton, Chanel, Christian Dior, Revillon, Yves Saint Laurent, Hermès, Balmain und Christian Lacroix. Ob Kleider, Mäntel, Hosen, Blusen, Röcke, Handtaschen, Schuhe oder Schmuck: Hier ist alles echt und einmalig. Jedes Teil hat seine Geschichte. Von Schauspielern und Weltstars getragen, warten diese filmischen Museumsstücke darauf, eine neue Rolle zu spielen. Wer hat nicht schon einmal davon geträumt, in einem Hitchcock mitzuwirken oder gekleidet zu sein wie in den Fifties oder Sixties? Bei Didier Ludot ist das möglich. Vom Kleid über den Hut bis zur Handtasche ist alles original Haute Couture, bescheinigt und signiert.

Der Ursprung der Idee, eine Haute-Couture-Vintage-Boutique zu eröffnen, liegt bei Didier Ludot weit zurück: »Meine Mutter und Großmutter waren elegante Frauen und haben ihre Kleider sorgfältig aufbewahrt. Wir haben in einem großen Haus auf dem Land gelebt, da gab es einen ganzen Raum nur für die Smokings meines Großvaters und für die Hochzeitskleider. Von klein auf habe ich gelernt, wie wertvoll die Taschen mit den echten Perlen und die bestickten Kleider meiner Großtanten waren – von 1925! Ich habe auch immer meine Mutter zur Schneiderin begleitet. Die Stoffe und Muster haben wir gemeinsam ausgesucht.« Didier ist mit Mode groß geworden. Als 30-Jähriger hat er sich dann im Palais Royal niedergelassen. Neben seinem Secondhandladen Deluxe hat er aber auch eine eigene Linie kreiert, in der er das »kleine Schwarze« neu interpretiert.

Die einzig mögliche Schlussfolgerung: »Everybody is a star!« Rollen Sie bei sich zu Hause schon einmal den roten Teppich aus.

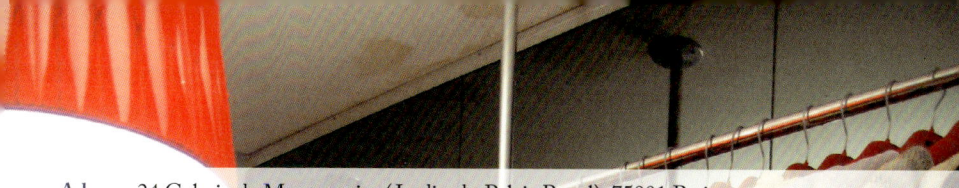

Adresse 24 Galerie de Montpensier (Jardin du Palais Royal), 75001 Paris,
Tel. +33 (1) 42960656, www.didierludot.fr | **Anfahrt** M 1, 7, Haltestelle Palais Royal –
Musée du Louvre | **Öffnungszeiten** Mo–Sa 10.30–19 Uhr

64_Maille

Mit Trüffel und Chablis gezapft

Ja, richtig, hier wird gezapft – aber kein Bier, sondern Senf! Wie an einer Biertheke steht man an und staunt. Der Senf wird ganz frisch in einen Keramik-Krug gezapft, verkorkt, verschlossen und versiegelt.

1720 gelangte Antoine Maille in Marseille zu Berühmtheit. Die Pest wütete im Land, als er eine hilfreiche Entdeckung machte: Weinessig tötet Keime. Er erfand den »Vier-Räuber-Essig« und empfahl, täglich einen Teelöffel Essig in einem Glas Wasser zu trinken und sich mehrmals die Hände mit Essig zu reiben. Der Erfolg blieb nicht aus. 1747 eröffnete er sein erstes Geschäft in Paris und wurde zum Hersteller und Lieferanten für mehrere Herrscherhäuser in Europa und Russland. Damals schon führte Maille 20 verschiedene Senfsorten mit aparten Namen wie: »Griechisch«, »Mit Pilzen«, »Zum Aufpäppeln« oder »Mit tausend Blättern«.

»Wir haben unseren Laden direkt an der Ecke der ›Madeleine‹ eröffnet. Da sind wir genau im richtigen Quartier, lauter Feinschmeckerläden rings um die Kirche. Inzwischen finden Sie bei uns neben den klassischen Essigangeboten und den zahlreichen Senfsorten auch edle Olivenöle, Mayonnaisen und Cornichons«, so die Verkäuferin. Immer neue Geschmacksrichtungen werden erfunden, und zugleich wird die Familientradition des Hauses Maille im Sinne der alten Meister weitergeführt, ohne dabei an Modernität zu verlieren.

»Unsere derzeitigen Bestseller sind die frisch gezapften Senfsorten am Tresen. Besonders beliebt sind Chablis und Trüffel. Ein großer Renner ist auch der Balsamico aus Modena, den wir über drei Jahre lang in Holzfässern aus Eiche aufbewahren. Wie bei einem erlesenen Wein ist er ein ›Grand Cru‹.« Der Rest ist streng geheim. Nicht geheim ist, dass die wertvollen Senfkörner bei Maille weder zerstampft noch zerdrückt, sondern mit Sorgfalt geschnitten werden.

Frisch gezapfter Maille bringt Zunge und Zäpfchen zum Lachen!

Adresse 6 Place de la Madeleine, 75008 Paris, Tel. +33 (1) 40150600, www.maille.com |
Anfahrt M 8, 12, 14, Haltestelle Madeleine | Öffnungszeiten Mo–Sa 10–19 Uhr

65 Marché aux Fleurs

Blühend und sonntags zwitschernd

Mitten im Herzen der Stadt, auf der Île de la Cité, findet täglich der Blumenmarkt statt, genau genommen seit 1808. Im Schatten der Metallpavillons aus der Zeit um 1900 verströmen auf der Seine-Insel Rosen, Hortensien, Stiefmütterchen, Tulpen, Nelken, Tausende von Blumen ihren Duft. Topfpflanzen, Ziersträucher, Obst-, Olivenbäume, Yucca-Palmen, Blumenerde, diverse Utensilien, alles für den Garten, Balkon, Terrasse, Wintergarten, lassen das Herz des Pflanzenfreundes höher schlagen. Neben Saatgut, Heil- und Gewürzkräutern finden Sie schöne Blumentöpfe, Dekorationsobjekte, Vasen, Kerzen, Spiegel, Vogeltränken aus Stein und die schönsten Vogelkäfige, von romantischen orientalischen bis zu ganz schlichten Modellen. Ob zum Aufstellen, zum Hängen, mit oder ohne Vogel, es bleibt die Qual der Wahl.

Für alle Vogelliebhaber ist der Sonntag ein Muss! Da wird's beflügelt und manchmal auch laut. Welch Vergnügen, die kleinen bunten Vögel auf den Stangen ihrer Käfige sitzen zu sehen! Wie in einem Konzertsaal zwitschern sie um die Wette, streiten, plustern sich auf. Poppige Kanarienvögel singen »open air« und lange Arien; Wellensittiche, Rotkehlchen, Meisen, kleine und große Körnerfresser, exotische Papageienarten piepsen, tschilpen und krächzen dazwischen. Hier gibt es auch Käfigschmuck, Futter und Tränken, alles, um Ihren gefiederten Hausfreund zu verwöhnen.

Dieser Ort ist charmant und eine lebendige florale Kulisse zwischen Notre-Dame, dem Polizeihauptquartier, dem Hôtel de Dieu und dem Justizpalast. Es herrscht Flohmarktatmosphäre mit englischem Touch. Kein Wunder, dass am 07. Juni 2014 der Blumenmarkt mit dem Titel »Marché aux Fleurs – Reine Elizabeth II.« geadelt wurde. Er ist wie ein geheimer Garten, ein idyllischer Kontrast zum Grau des Stadtlebens, duftig, bunt und zart. Für alle Blumenfreaks, Amateure, Liebhaber – für jedermann. Die Leichtigkeit des Seins kann hier nicht schaden, ein paar schöne Blumen und bunte Vögel schon gar nicht. Es darf gezwitschert werden!

Adresse Place Louis Lépine & Quai de la Corse, 75004 Paris | **Anfahrt** M 4, Haltestelle Cité | **Öffnungszeiten** Blumenmarkt täglich 8–19.30 Uhr, Vogelmarkt nur So 8–19 Uhr

66 __ Le Marché Saint-Pierre

Kein Kaiser ohne Kleider

Der Marché Saint-Pierre ist kein bloßes Geschäft, sondern eine Institution. Unterhalb der Basilika Sacré-Cœur am Montmartre liegt dieses Königreich der Stoffe. Erste Adresse seit über 60 Jahren. Entsprechend nobel sind die Händler: Dreyfus, Reine und Moliné, um nur einige zu nennen.

In einem der größten Stoffhäuser der Welt, das für seine große Auswahl renommiert ist, auf über 2.500 Quadratmetern und auf sechs Etagen verteilt, findet man die unterschiedlichsten Stoffarten aus aller Welt zu extrem günstigen Preisen. Professionelle Stylisten der Haute Couture befühlen die Stoffmuster; Hobbyschneider, Dekorateure, Möbeldesigner fummeln an der Meterware; aber auch die Hausmeisterfrau, die nur einen einzigen Knopf für ihren Arbeitskittel sucht, findet ihn dort mit Sicherheit.

Überall feine Garne, intensive Farben, herrliche Muster. Baumwolle und Leinen bekommt man in den unteren Etagen, in den mittleren Jersey, Woll- und Kaschmirstoffe, Taft, Samt und Seide. Weiter oben gibt es Unter- und Übergardinen sowie Frottee für den selbst geschneiderten Bademantel. In der obersten Etage findet man die feinsten Damastauslagen, Satin- und Seidenstoffe »extra stark«, um jedem müden Zweisitzer, alten Sessel oder verfleckten Stuhl ein neues Outfit zu verschaffen.

Direkt um die Ecke gibt es dann noch ein paar Mercerien. Dort ersteht man Bordüren, Schnallen und Reißverschlüsse, Druck- und Mantelknöpfe, Nähgarn und Seide, Gardinenstangen, Kordeln, Aufhängungen, Motivsticker, Stickgarn und Nadeln, Strickzeug und Wolle. Für Stuhlkissen und Kinderbettchen gibt es Schaumgummi am Meter, der auf Anfrage nach Maß geschnitten wird.

Ein »tapferes Schneiderlein« braucht man nicht sein. Le Marché Saint-Pierre weckt in jedem Laien die Lust und die Laune, stofflich kreativ zu werden, ob für die Garderobe oder das Interieur. Hier machen Kleider Leute, und Leute machen Kleider – und kein Kaiser bleibt nackt.

Adresse 2 Rue Charles Nodier, 75018 Paris, Tel. +33 (1) 46069225, www.marchesaintpierre.com | Anfahrt M 2, Haltestelle Anvers | Öffnungszeiten Mo−Fr 10−18.30 Uhr, Sa 10−19 Uhr

67 Marie Antoinette

Ein Meister aus Portugal

Marie Antoinette – das ist nicht nur die Königin, das sind Antonio de Figueiredo und seine portugiesische Großmutter Maria in einem Wort. Mit deren Duftkreationen wuchs de Figueiredo auf. Sie stellte Blüten- und Rosenwässerchen her, nicht zuletzt, um Ehemann und Enkelsohn für den sonntäglichen Gottesdienst fein herauszuputzen und zu parfümieren. Mit acht Jahren kam de Figueiredo nach Frankreich und schwor sich, eines Tages seine Kindheitserinnerungen zu neuem Leben zu erwecken.

2008 eröffnete er die kleine, elegante Duftoase direkt an der Place du Marché Sainte-Catherine. Er widmete sie den Parfums und Düften seiner Heimat, aber auch den großen französischen Meistern, Pierre-François Lubin und Jean-Louis Fargeon. Letzterer war Parfumeur der Königin Marie Antoinette. Edle Duftwässer, Eau de Cologne, Parfums, Duftkerzen, aber auch die berühmten Seifen von Claus Porto werden hier exklusiv vertrieben.

»Ich möchte die Echtheit eines Duftes wiederfinden, die Originalität, die Tradition, das Wissen der alten Meister, das edle Handwerk.« De Figueiredo zeigt auf seine Seifen von Claus Porto. »Sie werden alle von Hand hergestellt, aus Pistazienöl, kalt gepresst, auf Holzpaletten getrocknet, in traditionellem portugiesischen Papier verpackt und mit Wachs versiegelt. Da weiß man, was man hat. Oder diese Flasche mit dem Herrenparfum ›Cognac‹. Schon im Mittelalter hat man versucht, Düfte mit Blumen, aber auch mit Wein und Gewürzen zu destillieren, um die Duftnoten zu fixieren«, spricht der Kenner.

In seiner Kollektion hat er ganz große Namen: Isabey, Carven, Parfums d'Orsay, Amorvero, Parfum d'Empire. Er interessiert sich aber auch für junge Kreateure weltweit. »Ein Parfum zu finden, ist Vertrauenssache. Ich wünsche mir, dass der Kunde in dieser intimen Atmosphäre ganz in Ruhe ausprobiert und mit meiner Hilfe ›seine‹ Duftnote entdeckt.«

Hier wäre sicher nicht nur Marie Antoinette fündig geworden.

Adresse 5 Rue d'Ormesson, 75004 Paris, Tel. +33 (1) 42712507, www.marieantoinetteparis.fr, marieantoinetteparis@noos.fr | **Anfahrt** M 1, Haltestelle Saint Paul | **Öffnungszeiten** Di – So 12 – 20 Uhr

68 Matière Première

Paradies der Perlen

Es macht Spaß, geht spielend leicht, und wer Glück hat, wird sogar ausgestellt: »Einmal im Monat organisieren wir einen Wettbewerb im Internet. Jeder Teilnehmer kann ein selbst gemachtes Schmuckstück einreichen. Der Gewinner erhält eine Einladung in unser Geschäft, eine Übernachtung in Paris oder einen Scheck. Das prämierte Stück wird vier Wochen im Laden präsentiert und beworben«, sagt Justyna, die Verkäuferin.

Bei Matière Première, ganz in der Nähe von Place du Marché Sainte-Catherine und Place Saint-Paul, findet man alles, um den schönsten Schmuck selbst zu gestalten. Tausende von bunten Perlen aus Porzellan, Glas, Holz oder Metall warten in winzigen Holzkästchen und Schubladen darauf, entdeckt und verarbeitet zu werden. Edelsteine, Tigeraugen, Jade, Keramik, Rosenquarz, verschiedene Swarovski-Kristalle und Strass, Gold und Silberperlen, Perlmuttknöpfe, Holz- und Metallanhänger, Haken und Ösen sowie Leder- und Seidenbänder, Baumwoll- und Nylonfäden, Metall- und Gummibänder, Ketten und Draht am Meter, gedrehte Samt- und Seidenkordeln, Federn und anderes Zubehör in den tollsten Farben und Formen reizen die Schmuckphantasie. In dieser Pracht gibt es zudem sowohl Anleitungshefte, Kataloge, Mustermodelle zum Lernen und Nachmachen als auch fertigen Schmuck.

»Wir beraten und helfen bei der Auswahl. Jeden ersten Montag im Monat organisieren wir einen kreativen Workshop in gemütlicher Atmosphäre. Für einen kleinen Unkostenbeitrag laden wir Sie ein, bei einem Getränk eine eigene Perlenkreation zu zaubern, sei es ein Paar Ohrringe oder ein Armband. Wir zeigen Ihnen die Technik, und Sie kreieren Ihren Schmuck. Bei Fragen stehen wir immer zur Verfügung.«

Justyna, Julie, Maria, Sandra und Philomene sind die tüchtigen Engel im Perlenparadies von Jean-Jacques Miette, Inhaber und leidenschaftlicher Experte der Materie.

Matière Première – machen Sie eine Perle aus sich.

Adresse 12 Rue de Sévigné, 75004 Paris, Tel. +33 (1) 42784087, www.matierepremiere.fr, contact@matierepremiere.fr | **Anfahrt** M 1, Haltestelle Saint Paul | **Öffnungszeiten** Mo – Sa 11–19.30 Uhr, So 15–19 Uhr

69 Merci
Gelebte Utopie

In einer ehemaligen Fabrik für Möbelstoffe befindet sich dieser außergewöhnliche Concept Store: Mode, Design, Secondhand und Eisenwaren, kombiniert mit Kunst im Alltag; gebrauchte und neue Bücher, ein Lese-Café, eine Kantine – auf 1.500 Quadratmetern. Merci ist multiples Design, ein breit gefächertes Warenangebot mit Niveau und Herz.

Exklusive Einzelstücke mit banalen Gebrauchsgegenständen zu kontrastieren, eine kunterbunte Kombination von Edlem mit ganz Einfachem – das ist das Prinzip von Merci. Das funktioniert und macht Lust darauf, bei sich zu Hause Objekte oder Möbel neu und anders zu gestalten. Eine sympathische Atmosphäre liegt in der Luft, nicht zuletzt weil jegliche Einnahmen der Entwicklungshilfe und einem Erziehungsprojekt auf Madagaskar gespendet werden. Merci ist gelebte Utopie.

Bekannt geworden waren Marie-France und Bernard Cohen schon vor der Eröffnung von Merci im Jahr 2009 durch ihre Kindermode. »Bei uns finden Sie neue Möbel für das Schlafzimmer oder den Salon, aber auch eine alte Schulbank aus Holz fürs Kinderzimmer. Ebenso modernes Küchendesign geschmückt mit einem kolorierten Glaslüster aus zweiter Hand. Warum nicht, wenn es zusammenpasst? Schönes Geschirr, ob neu oder alt, auf einer handbestickten Tischdecke aus Norwegen mit einer Hightech-Lampe aus Japan kann eine gelungene Inszenierung sein. Im Café ›Bouquiniste‹ können Sie bei einer Tasse Kaffee in Ruhe eine Lesepause einlegen oder sich mit Freunden verabreden. Der Esprit von Merci ist ebendieser Mix.« Darin sind sich die Cohens einig. Zudem gibt es Papier, Kosmetik, Stoffservietten, Küchenartikel, mundgeblasene Gläser von »La Soufflerie« und natürlich Mode für die ganze Familie. Viele Produkte werden exklusiv für Merci hergestellt und andere nur hier verkauft.

Merci ist das Dankeschön an das Leben, an die vielen Talente, an die Kreativen, an die Großzügigkeit und den Erfolg. Merci an die Kundschaft von Merci.

Adresse 111 Boulevard Beaumarchais, 75003 Paris, Tel. +33 (1) 42770033, www.merci-merci.com, contact@merci-merci.com | **Anfahrt** M 8, Haltestellen Saint-Sébastien – Froissart & Filles du Calvaire | **Öffnungszeiten** Mo–Sa 10–19 Uhr

70__Marie Mercié

Moulin Rouge als Hut

Eigentlich sind Hüte sinnvolle Kopfbedeckungen und sollen vor Sonne, Kälte, Wind und Regen schützen. Bei Marie Mercié werden sie zum humoristischen Kunstobjekt, zum witzigen Hingucker, zum Kopfschmuck.

Aufgewachsen in Fontainebleau, träumte sie in ihrer Kindheit von Abenteuern, vom Zirkus und vom Nomadenleben, studierte dann aber doch an der Sorbonne Kunstgeschichte und Archäologie. Sie machte Karriere als Journalistin, schreibt und zeichnet seit jeher – ein Multitalent. Seit 1987 entwirft sie Hüte, die sie selbst als »Skulpturen« bezeichnet. Sie machte sich einen Namen in der Modewelt, ihre Kreationen werden in Paris hergestellt und in der ganzen Welt verkauft. Sie hat mit John Galliano gearbeitet und entwirft für Hermès, Agnès B. und Kenzo. Ihr Universum besteht aus Märchenwelten und Kindheitsphantasien – pfiffig, frech und ausgeflippt.

Jede ihrer »Skulpturen« ist ein Unikat, zauberhaft und verspielt. Marie Mercié ist nicht nur Stylistin und Modistin, sie ist eine wahre Künstlerin. »Sehen Sie diesen Hut in Form des Moulin Rouge – aus rotem Bast geflochten – oder die Farbpalette des Malers mit Haarreifen zum Aufstecken, die orangefarbige Languste als Kopfdekoration oder das Piratenschiff auf türkisblauem Tüll montiert? Das sind mehr als nur lustige Kopfbedeckungen, das sind Schmuckstücke. Mit so einem Hut machen Sie auf sich aufmerksam, da guckt jeder!« Die Verkäuferin Sandra Dechnik verspricht nicht zu viel. Alle Modelle sind ausgefallen, einzigartig und wunderbar leicht zu tragen. Verwendung finden Materialien wie Stroh, Bast, Organza, Tüll, Filz oder Stoff – kreativ verarbeitet und bühnenreif inszeniert.

Ob für ein unvergessliches Outfit, ein festliches Event oder einfach nur aus Jux und Tollerei, ob mit Hahnen-, Enten-, Pfauenfedern, aus Tweed, Kaschmir, Seide, Samt, mit oder ohne Perlen, feucht oder warm geformt, gebügelt oder gezogen: Marie Mercié hat's drauf.

Adresse 23 Rue Saint-Sulpice, 75006 Paris, Tel. +33 (1) 43264583, www.mariemercie.com |
Anfahrt M 4, 10, Haltestelle Odéon | **Öffnungszeiten** Mo–Sa 11–19 Uhr

71 Les Mille Feuilles

Opernreif

Mitten im historischen Quartier Marais öffnet sich eine Wunder-
kammer von tausend Blättern, Blüten und Geschichten. Direkt
an der Kreuzung, zwischen den »Archives Nationales« und dem
»Musée de la Chasse et de la Nature« in der Rue Rambuteau befindet
sich dieser wundersame, farbenfrohe Laden mit unzähligen schönen
Objekten, die gleich einer italienischen Oper in Szene gesetzt sind.

Ursprünglich kommt Inhaber Pierre Brinon aus der Feinschme-
ckerbranche. Dann jedoch hat er sich der Blumenwelt zugewandt,
den »Tausend Blättern«. 15 Jahre lang zauberte er täglich Dekorationen aus frischen Blumen. Er ist ein Meister, der mit Farbe und
Material genial jongliert. Sein großräumiger Laden kann dafür als
Nachweis gelten. Frische Blumen gibt es heute nicht mehr, dafür die
schönsten Geschenke, die wie einer noblen Requisitenkammer ent-
nommen anmuten: edle Spiegel, Vasen, Lampen, Geschirr, Stoffblumen, Schmetterlinge, Korallen, Kreuze, Kissen, Büsten, Lampenschirme, Flacons, Kerzenständer, Kristalllüster, Bilderrahmen,
Tischdecken, Weihnachtskugeln, Gläser, Parfums, Öle. Ein besonderer Gegenstand reiht sich an den nächsten. Sein Geschäft ist seine
Bühne, er ist der Regisseur. Auf der ganzen Welt hat er gesucht und
gesammelt und seine Lieblinge mit viel Gespür inszeniert. Alle sind
sie Herzensbrecher.

»Jedes Ding erzählt eine Geschichte, führt auf eine Reise. Schau-
en Sie die gestreiften Lampenschirme mit den Gondolieri, mit den
Masken wie Casanova – da ist man doch sofort in Venedig und
träumt vom Karneval! Oder die goldene Lorbeerkrone aus Metall –
ist die von König Lear oder ist das eine Idee für unser traditionelles
Dreikönigsgebäck ›Galettes des Rois‹? Die orientalische Bauch-
vase – ist das Aladins Wunderlampe aus Tausendundeiner Nacht?«,
so eine betörte Kundin.

»La Donna è mobile« ertönt es in »Rigoletto« – ebenso bei Les
Mille Feuilles. Vorhang auf!

Adresse 2 Rue Rambuteau, 75003 Paris, Tel. +33 (1) 42783293, www.les-mille-feuilles.com, info@les-mille-feuilles.com | **Anfahrt** M 11, Haltestelle Rambuteau | **Öffnungszeiten** So & Mo 14–19 Uhr, Di–Sa 10.30–19.30 Uhr

72__Mimi's Beer

Mode und Bier

Zwei Jahre lang hat Laura Marciano in New York assistiert und fotografiert, bevor sie 2012 ihre Boutique-Bar Mimi's Beer im 3. Arrondissement eröffnete. Sie wollte einen Ort schaffen, an dem man in Ruhe ein Bier trinken, Mode anschauen und ohne Kaufzwang anprobieren konnte. Also konzentriert sie sich auf ihre Mode, aber auch auf ihr eigenes helles Bio-Bier, gebraut in der Region Rhône-Alpes. Es schmeckt leicht und harmoniert mit der sympathischen Ladendekoration: Ein Garten mit Steinen und Blumen sorgt für Atmosphäre.

Laura Marcianos Kollektion ist – wie die Bier- und Modedesignerin selbst – pfiffig, frech und frei. Ihre Inspiration: das Kalifornien der 1950er Jahre. Kurze Oberteile sind zu finden, mit oder ohne Ärmel, in Samt und mit Blümchenstoff gefüttert; kleine Slips, pastellfarben, bisweilen so aufreizend, wie Bettie Page sie trug. Es gibt auch Unisex-Kleidung, die Laura aus amerikanischen Secondhandstücken in winzigen Auflagen von nur zwei bis drei Exemplaren zaubert. Wie bei einer Collage werden die Kleidungsstücke aufgetrennt, beschnitten, gesäumt und nach ihren Zeichnungen und Schnittmustern neu – und witzig – zusammengesetzt. Aus alt mach chic.

»Das Atelier ist im Untergeschoss des Ladens. Es wird genäht, was das Zeug hält, da laufen die Nähmaschinen heiß. Zudem wird gelegentlich auch bestickt, gestrickt, neu eingefärbt. Wenn einmal ein Modell gezeichnet ist, wird es unten realisiert und nach Fertigstellung sofort nach oben zum Verkauf gebracht. Das bedeutet, es gibt ständig neue Modelle«, so Cyrille von der Presseabteilung. Mimi's Beer ist Lauras Modelabel, aber gleichzeitig auch das ihres Bieres. Sie können es hier im Laden kosten oder aber in Mimi's Bar in der 13 Rue Jean Beausire genüsslich trinken.

Mimi's Beer ist eine Boutique-Bar – im Laden wird handfest angezogen und in der Bar ganz sicherlich manchmal in Gedanken ausgezogen. À votre santé!

Adresse 57 Rue de Bretagne, 75003 Paris, Tel. +33 (1) 42748642, www.mimisbeer.com, contact@mimisbeer.com | **Anfahrt** M 3, Haltestelle Temple; M 8, Haltestelle Filles du Calvaire | **Öffnungszeiten** Di–So 11–19.30 Uhr

73_Mona Market

Der Affe hat's

Hier staunen Sie Bauklötze: Eine ganze Hauseinrichtung auf zwei Etagen, komplett mit Wohnzimmer, Küche, Bad, Kinder- und Schlafzimmer. Gleich einem möblierten Loft, fertig zum Einziehen. Es ist einfach alles da – eine vollendete Vorführung wie diese schönen Dinge auch bei Ihnen aussehen könnten.

»Kommen Sie herein und fühlen Sie sich wie zu Hause!« Die strahlende Begrüßung von Clémence Rondony vermittelt sofort die herzliche Atmosphäre in diesem Laden-Loft. Von der groben Steinwand bis hin zum kleinsten Dekorationsdetail ist hier alles originell und lebendig. Genau wie der lustige Dackel namens »Harley«, der schwanzwedelnd die Besucher begleitet. Clémence erzählt von dem familiengeführten Unternehmen: »Meine Mutter ist Innenarchitektin. Wir kommen aus Montpellier, auch dort haben wir einen Laden. Mein Vater ist Ingenieur und kann wunderbar zeichnen. Mein Bruder ist Architekt, er baut aber auch Möbel nach Maß. Meine Schwester hat die Lampenschirme entworfen, die Aquarelle und Zeichnungen an der Wand sind von meinem Schwager, und selbst ich komme aus der Architektur, mache jetzt aber lieber die Dekoration.«

Hier finden Sie modernes Möbeldesign, Gebrauchsgegenstände, Kunstobjekte, wertvolle Materialien von solide bis luxuriös. Der Ideenreichtum nimmt kein Ende: designte Wäscheklammern, leicht aussehende Sessel aus Palmenholz, dabei schwer wie ein Felsblock, aus Korsika stammende pflanzliche Körperöle, Kämme aus Brasilien, Wandspiegel aus Autoreifen. Massiv, robust oder edel; ethno, originell oder banal – für jede Geschmacksrichtung ist garantiert etwas dabei. »Unser Logo ist ein Äffchen. Es denkt nach. Mona bedeutet auf Spanisch ›Affe‹. Es bedeutet aber auch niedlich und ist gleichzeitig der Kosename der Enkel für meine Mutter.«

Bei Mona Market stammt das Äffchen klar vom Menschen ab. Schlau sind beide, und noch schlauer ist, wer sich die zwei Etagen nicht entgehen lässt.

Adresse 4 Rue Commines, 75003 Paris, Tel. +33 (1) 42788004, www.monamarket.com, conceptstore.paris@monamarket.com | **Anfahrt** M 8, Haltestelle Filles du Calvaire | **Öffnungszeiten** Di – Sa 11–13 Uhr & 14–19 Uhr

74_ Moustaches

Gassi mit Haute Couture

Mehr als Wuff-Wuff und Miau: Hier findet man alles für den stilbewussten Vierbeiner – zum Ausgehen, zum Spielen, zum Fressen. Vom Alltäglichen bis hin zum Außergewöhnlichen macht dieser Laden das Hunde- und Katzenleben zum Ereignis.

Direkt hinter dem Bazar de l'Hôtel de Ville in der Rue des Archives findet man auf über 150 Quadratmetern mehr als 3.500 verschiedene Produkte. Schon gleich am Eingang funkeln einem die Halsbänder wie in einem Schmuckladen entgegen – und das nur fürs Dekolleté. Die Auswahl ist überwältigend: hunderte Farben und Formen für ganz Kleine bis ganz Große. Aus Leder, Plastik, Stoff, mit eingearbeiteten Namensschildchen, kariert, gestreift, einfarbig dezent, poppig oder mit rockigen Nieten. Es gibt sogar ein Schweizer Collier »Appenzeller« mit goldener Milchkuh oben drauf, Halsbänder im Look der 1950er und 1960er Jahre oder ganz edel mit Strass, Glitzersteinchen, Silber und Gold. Kombinieren lässt sich das alles mit den passenden Leinen in verschiedenen Längen. Der Pariser Chic ist unübersehbar.

Mäntelchen, Regencapes mit Hütchen und Schuhen, T-Shirts mit lustigen Schriftzügen, wie »Sheriff«, »King«, »Boss«, »Prinzessin« oder »Star« hängen sortiert auf Bügeln. Wie in einem Showroom der Haute Couture präsentiert sich hier nur das Allerbeste für den haarigen Liebling. Ob günstig, praktisch, lustig oder edel, hier bekommt man alles, um den vierbeinigen Hausfreund wettergerecht und modebewusst zu kleiden – und noch viel mehr.

»Sämtliche Utensilien für die Toilette, Bürsten, Kämme, Haarspangen und Schleifchen, Sitzkissen und Körbchen, Betten und Spielzeug, Biofutter, Kroketten, Knochen, Leckerchen und Vitaminkuren, aber auch Tragetaschen, Katzenkoffer und Reiseartikel – was Hund und Katze brauchen, finden Sie hier. Wir respektieren die Vierbeiner und ihre Besitzer. Glückliche Tiere, glückliche Kunden.« So die Überzeugung des Ladenbesitzers Grégory Hervein. Einfach tierisch!

Adresse 32 Rue des Archives, 75004 Paris, Tel. +33 (1) 42710521, www.moustaches.fr |
Anfahrt M 1, 11, Haltestelle Hôtel deVille | **Öffnungszeiten** Mo−Fr 9.30−19.30 Uhr,
Sa 9.30−20 Uhr, So 12−19.30 Uhr

75 __ Monsieur Poulet

Er legt durchaus Eier

Herr Huhn ist rundum bio. Er liebt die Natur. Er legt keine Eier. Er druckt witzige Bildmotive auf Baumwoll-T-Shirts in limitierter Auflage. Er liebt Grafik, Kunst und junge Leute. Er liebt es »Made in France« und das Individuelle zu günstigen Preisen.

Monsieur Poulet alias Eric Pontoglio, der Geschäftsführer des sympathischen blauen »Hühnerladens« im Marais, verrät sein Erfolgsrezept: »Jeden Monat gibt es einen Online-Wettbewerb, bei dem sich jeder Künstler, Grafiker und jeder Laie, der Lust und Laune hat, mit Bildmotiven bewerben kann. Diese werden dann auf unserer Homepage präsentiert. Die User bilden die Jury, vergeben Punkte und Kommentare und wählen so den Sieger. Das prämierte Motiv wird dann in einer kleinen Auflage von 150 bis 200 Exemplaren gedruckt, mit dem Namen seines Autors auf dem Rücken des T-Shirts. Der Künstler erhält bei jedem Verkauf eine Beteiligung. Manche Motive finden solchen Anklang, dass wir sie in neuer Auflage nachdrucken müssen.« Angefangen hat er mit einer reinen Online-Boutique. Aber aufgrund des allgemeinen Wunsches, die T- und Sweatshirts live zu sehen, zu fühlen, anzuziehen, wurde 2008 der Laden eröffnet. Auch für die ganz Kleinen wird es zukünftig T-Shirts von Monsieur Poulet geben. Die Nachfrage ist groß. Neben den lustigen Shirts gibt es aber auch Unterwäsche, Socken, Schuhe und Kinderspielzeug, alles bio, alles handgemacht, alles »Made in France« – in kleiner Auflage.

»Wir wollen keine Massenware. Unsere ganz persönlichen Überzeugungen haben uns dazu geführt, ein alternatives System zu entwickeln, um Artikel und Waren umweltfreundlich zu produzieren und der Natur nicht zu schaden«, versichert Eric Pontoglio. »Monsieur Poulet ist eine Lebensphilosophie, wir versuchen, sie umzusetzen.« Monsieur Poulet – das ist französischer Esprit, eine sympathische Reaktion auf jeglichen Massenkonsum, kurzum: das Gelbe vom Ei!

Adresse 24 Rue de Sévigné, 75004 Paris, Tel. +33 (1) 42743597, www.monsieurpoulet.com | **Anfahrt** M 1, Haltestelle Saint Paul | **Öffnungszeiten** Di–Fr 11–19 Uhr, So 14–19 Uhr

76__My crazy Pop
Pop-Kultur mit Trüffel

Popcorn ist gesund und kalorienarm, voller Proteine, hat mehr Eisen als Spinat, ist absolut fettfrei und hochexplosiv.

Wie das geht? Inmitten des Maiskorns befindet sich Wasser. Wird der Mais auf 200 Grad Celsius erhitzt, wird das Wasser gasförmig; die Hülle des Korns platzt auf. Die aufgeweichte Stärke dehnt sich aus und hinterlässt eine samtige Struktur. Es gibt zwei verschiedene Typen von Pop-Maiskörnern:»Butterfly« und »Mushroom«.

»Für unser Crazy Popcorn benutzen wir nur die Mushroom-Körner, die sind zwar kleiner und multiplizieren ihr Volumen nur 30 Mal, aber bei denen gibt es keine unangenehmen Schalenreste im Mund«, erklärt Christel Leflaive, die Gründerin.

Das Team um Leflaive verwendet keine Fette, nur Luft, Hitze und Druck. Konservierungsstoffe sind ebenfalls tabu, denn der Bio-Mais kommt aus Südfrankreich und ist zwei bis drei Wochen haltbar. Gemeinsam mit Köchin Nathalie Nguyen suchen sie ständig neue Geschmacksrichtungen, und es werden die verrücktesten Rezepte ersonnen – sei es süß oder salzig, pikant oder scharf. Derzeit gibt es 15 Basisrichtungen, darunter Erdnuss, Paprika, Wasabi, Ingwer, Parmesan, Ziegenkäse, Pistazien, Sesam, Karamell, Praliné, Kaffee, Olive. Wenn hier Popcorn nach Pistazie schmeckt, dann sind auch Pistazien drin. Alles ist natürlich. »Für ganz besondere Gelegenheiten gibt es unser Trüffel-Popcorn. Das zergeht auf der Zunge. Das Käse- und Oliven-Popcorn passt wunderbar zu Tomatensuppen oder frischen Salaten. Wir sind dabei, Menüs zu kreieren, und organisieren Workshops. Es wird auch bald ein Kochbuch mit Rezepten erscheinen. Unser Popcorn kann man zum Frühstück, zu Mittag und zum Diner genießen, es ist leicht, fettfrei, köstlich und gesund. Bon Appetit!«

My Crazy Pop – das ist die Geschichte von geschmacklosem amerikanischen Kino-Naschwerk, das es zur französischen Delikatesse gebracht hat. Vorhang auf!

Adresse 15 Rue Trousseau, 75011 Paris, Tel. +33 (1) 48078908, www.mycrazypop.com |
Anfahrt M 8, Haltestelle Ledru-Rollin | Öffnungszeiten Di – Fr 11–19 Uhr, Sa 11–20 Uhr

77 Claude Nature

Morpheus hinter Glas

Ganz in der Nähe des »Institut du Monde Arabe«, des Museums für arabische Kunst, am linken Seine-Ufer befindet sich ein außergewöhnlicher Naturkundeladen. Hier finden sich die schönsten Schmetterlinge, Fossilien, Insekten, Vögel und andere Kuriositäten aus Fauna und Flora präpariert und mitnahmebereit. Schnecken, Muscheln, Schalentiere und exotische Fischskelette gibt es schon ab einem Euro aufwärts.

Gleich neben dem Eingang sind eindrucksvoll ein voll ausgewachsener Moschusbüffel und ein Zebra positioniert. Innen geht es weiter: Das Geschäft ist vom Fußboden bis unter die Decke mit Tierischem ausstaffiert: die unglaublichsten Schmetterlinge aus der ganzen Welt, manche sogar transparent, aber auch verewigte Insekten aus der Urzeit. Sie sind Nachweis der Entstehung der Welt, Unikate zum besseren Verständnis der Wissenschaft.

Claude Nature ist das etwas andere Kabinett zum Staunen, Kaufen und Dazulernen: »Die Limulus-Krebse hier sind über 500 Millionen Jahre alt und haben sich nicht wesentlich verändert. Sie werden ständig in der Forschung benutzt. Die blauen Schmetterlinge heißen ›Morpheus‹, sie haben winzige Kristalle in den Flügeln, die das Licht reflektieren. Sie sind wertvoll und kommen aus Indonesien«, weiß Inhaber Hervé zu berichten. Alle Exponate tragen ein Nummernschild wie ein Auto und sind registriert. Eine Zusammenarbeit mit illegalen Jägern lehnt er rundweg ab. »Bei uns kommen die Tiere aus Zoos oder von Züchtern und dienen in erster Linie der Dekoration. Wir stopfen selber aus und präparieren, allerdings außerhalb, in einem Atelier. Ein schöner Schmetterling in einem Kästchen, das ist originell, dekorativ und hält länger als ein Blumenstrauß. Für den Fall, dass Sie Ihre Schwiegermutter erschrecken wollen, habe ich ein paar Kreuzspinnen oder Skorpione auf Lager. Erfolg garantiert!«, schmunzelt er.

Türkisblau, sonnengelb, vergoldet oder verglast: Bei Claude Nature finden Sie die schönsten Kuriositäten der Natur.

Phoebis
rurina
Pérou

Anteos
menippe
Pérou

Anteos
menippe
Pérou

Anteos
menippe
Pérou

Phoebis
rurina
Pérou

Heb
leucippe le
Inde

Hebomonia
ppe leucippe
Indonésie

Adresse 32 Boulevard Saint-Germain, 75005 Paris, Tel. +33 (1) 44073079, www.claudenature.com | **Anfahrt** M 10, Haltestelle Maubert – Mutualité | **Öffnungszeiten** Mo – Sa 11–19 Uhr

78__ The Nines

Wirft Männer in Schale

Der Name ist Programm: »Dress up to the nines« – sich so richtig aufputzen. Chic wie ein Dandy, very British und doch auch ganz französisch. Mitten im Business-Quartier des 8. Arrondissement zwischen der Champs-Élysées und dem Boulevard Haussmann liegt dieser 35 Quadratmeter große Laden, ein Kleinod und Paradies für jeden Gentleman, weil zeitlos, modern und bequem. The Nines ist eines der wenigen Spezialgeschäfte, in denen man interessante Accessoires findet, die zum Anzug-Krawatten-Look passen: über 1.000 verschiedene Manschettenknöpfe, Schlipse, Hemden und Schals. Hier werden selbst Herren schwach und verspüren ungewohnte Shopping-Gelüste.

»In unserer Kollektion von Manschettenknöpfen finden Sie Klassiker von Hugo Boss, aber auch ganz außergewöhnliche Modelle wie diese hier aus geschliffenem Meteorstein«, berichtet Pauline, die Verkäuferin. Neben diesen regelrechten Kunstobjekten, die es nur einmal gibt, ist das Sortiment überwältigend. »Wir haben auch sehr lustige Modelle aus England wie die kleinen Telefone, die Bierdosen, Flaschenöffner, Flugzeuge, Autos, Enten oder Modelle mit Themen wie: Manhattan, München, Chardonnay, Schaffhausen, Roulette. Oder andere mit Schriftzügen wie: ›Left, Right‹, ›Keep calm‹ oder ›Président‹«, zählt Pauline auf. Besonderer Beliebtheit erfreuen sich die Manschetten-Reisekoffer, in die 21 verschiedene Modelle passen. Praktisch für all jene, die beruflich viel unterwegs sind.

In The Nines finden Sie auch die passenden Hemden und Krawatten in den schönsten Farben – uni, gestreift oder gepunktet –, in verschiedenen Größen von ultraslim bis maxibreit. Aus Seide, Wolle und Kaschmir gibt es dazu Socken und Strümpfe; Gürtel aus Wildleder in bunten Farben, einfach oder geflochten; Halstücher, Fliegen und Schleifen; alles, um den Büroalltag, den Anzug, die Garderobe zu verschönern und vor allem, um sich darin wohlzufühlen. The Nines ist ein kleines Mode-Mekka für Herren. Damit nicht nur der Name ein gelungenes Programm ist. Sondern auch der Mann.

Adresse 162 Rue du Faubourg Saint-Honoré, 75008 Paris, Tel. +33 (1) 42563742, www.thenines.fr, contact@thenines.fr | **Anfahrt** M 9, Haltestelle Saint-Philippe-du-Roule; M 9, 13, Haltestelle Miromesnil | **Öffnungszeiten** Mo−Sa 10.30−19.30 Uhr

79_ L'Objet qui parle

Da hör' ich zu

Im Herzen des Montmartre, in der Rue des Martyrs, befindet sich der winzige Trödelladen von Guillaume und Catherine. Nur keine Platzangst! Ihre Neugier wird belohnt. Auf engstem Raum finden sich die verrücktesten Kuriositäten und skurrilsten Objekte, thematisch dargeboten: Skulpturen, Madonnen, ausgestopfte Tiere, Lüster, Geschirr, Medaillen, Papierlaternen, Rasiermesser und Schmuck. Ein unglaubliches Bric-à-brac, ein Sammelsurium zum Stöbern, Schnüffeln, Kramen.

Dahinter steht Guillaumes Leidenschaft für Trödel und Antiquitäten, aber auch die Inszenierungsgabe Catherines: »Guillaume und ich ergänzen uns. Er sammelt, ich setze in Szene. Von Haus aus bin ich Stylistin. Einige meiner Werke sind hier präsent. In erster Linie kümmere ich mich aber um die Dekoration.« Jedes Objekt hat eine Geschichte, und Catherine weiß sie zu erzählen. Sie schafft eine neue Kulisse, spielt mit den Gegenständen wie im Theater. Der ästhetische Aspekt spielt eine Rolle, aber auch die Qualität, Form und Farbe. Manches kommt besser in einer ganzen Kollektion zur Geltung. »Letzte Woche hatten wir die ganze Wand voller goldener Spiegel, lediglich Sonnenmotive, ganz barock wie beim Sonnenkönig im Schloss von Versailles. Humoristisch, religiös oder kitschig darf es sein. Hauptsache, das Thema stimmt und lässt Raum, sich das Trödelstück in einem anderen Interieur vorstellen zu können.«

Es bleibt den Kunden selbst überlassen, sich neue Rollen für die guten Stücke auszudenken. Das Schaufenster von Guillaume und Catherine ist dafür eine unerschöpfliche Quelle der Inspiration. Beispielsweise ist da ein Foto zu sehen, ein Theaterplakat oder der Stuhl einer »Ouvreuse«, einer Platzanweiserin, beherzt geschmückt mit Federn und Boas. Warum nicht ein wenig Revueflair auch zu Hause? Wie auch immer Ihr Lieblingsambiente aussieht und Ihre Besetzung – hier gibt es entsprechende Requisiten für Ihr Theater daheim.

Adresse 86 Rue des Martyrs, 75018 Paris, Tel. +33 (6) 09670530 | **Anfahrt** M 12, Haltestelle Abbesses | **Öffnungszeiten** Mo–Sa 13–19.30 Uhr

80 Pain d'épices

Der Geruch nach Kindheit

Was sich hier vor staunenden Augen auftut, ist ein Königreich der Phantasie, ein Geschäft, wie man es sich vor Jahrzehnten einst selbst erträumt haben mag – oder es erst recht noch heute tut. Aus dem Schaufenster winken einem Holzmarionetten entgegen. Daneben drapiert sind Sportwagen in Dreiradform, Hexen- und Prinzenkostüme, Puppen und Plüschtiere, Piratenschiffe und Kaufmannsläden, Metallspielzeug und Holzspiele. Wie anno dazumal wartet das Schaukelpferd vor der Ladentür. Drinnen geht es weiter mit alten Teddybären, Holzpferden, Puppenhäusern, traditionellem Spielzeug. Pain d'épices ist ein bisschen von gestern für die Kinder von heute; da riecht es nach Kindheit, »nach Lebkuchen«, wie schon der Ladenname verspricht.

Seit über 40 Jahren kennen die kleinen Pariser Mädchen und Jungs den Weg zu Pain d'épices in der glasüberdachten Galerie aus dem 19. Jahrhundert, der berühmten Passage Jouffroy, direkt neben dem Wachsfigurenkabinett Musée Grévin.

»Wir sind ein traditioneller Spielzeugladen, aber vor allem spezialisiert auf Miniaturen. Bei uns finden Sie alles, um etwa ein Haus vom Montmartre originalgetreu nachzubauen und zu möblieren oder einen schönen Kaufmannsladen aus der Belle Époque mit Holzregalen, Ladentisch, Art-déco-Lampen und Gardinen, mit allen Details und niedlichen Accessoires«, sagt die Verkäuferin. Ob Mini-Gartenmöbel, komplette Badezimmer mit Föhn und Handtüchern, Wohnzimmergarnituren oder Kücheneinrichtungen sowie natürlich Obst, Gemüse, Croissants, Baguettes aus Holz und auch die dazugehörigen Figuren – hier ist alles winzig klein, aber naturgetreu realisiert. Da freut man sich wie ein kleines Kind! Für den Profi liegen Bücher und Anleitungsmaterial zum Mitnehmen bereit.

Pariser Bistro mit Marmortischchen, Zinntresen, Barhockern und Originalstühlen en miniature gesucht? In diesem Märchenland finden Sie die perfekte Ausstattung für Ihr persönliches Liliput.

Adresse 29 Passage Jouffroy, 75009 Paris, Tel. +33 (1) 47700868, www.paindepices.fr, commande@elephantrose.fr | **Anfahrt** M 8, 9, Haltestelle Richelieu – Drouot | **Öffnungszeiten** Mo 12.30–19 Uhr, Di–Sa 10–19 Uhr

81 __ Papa pique et Maman coud

Und es macht Zip!

»Papa pique et Maman coud«, das bedeutet: »Papa sticht und Mama näht«. Benannt ist dieses entzückende Geschäft im Quartier Bonne Marché nach einem Lied von Charles Trenet, in dem die Eltern Hosenschneider sind. Hier vor Ort werden allerdings Kopfputz und Taschen für Klein und Groß und allerlei mehr dargeboten.

Einmal über die Türschwelle, befindet man sich in einem Meer aus bonbonfarbigen Stirnbändern, Haarspangen, Baretts, Haargummis, Halstüchern, Lätzchen, Schultaschen, Heftschonern und putzigen Sonnen- und Regenhüten in den schönsten Farben und floralen Mustern. Fröhliche Accessoires für Kinderhaare, Babys und Mütter, unkompliziert und multifunktional wie etwa Haarbänder, die man als Schnuller- und Schlüsselanhänger benutzen oder Haarspangen, die sich als Brosche tragen lassen.

»Bei uns ist ein Halstuch zugleich Schal und Kopftuch und kann zudem sowohl als Kette als auch als Anhänger benutzt werden.« Amandine, die sympathische Verkäuferin, führt die neueste Kreation »Sac and Zip« vor: Damenumhängetaschen, deren Vorderseiten man mit einem simplen Klettband – Zip! – austauschen kann. Zehn verschiedene Taschenklappen stehen zur Auswahl. »So kann man die Tasche jeglicher Situation und Garderobe farblich anpassen und muss nicht jedes Mal den ganzen Inhalt ausräumen. Geblümt, gestreift, gemustert, mit Glitzer oder Strass, für tagsüber oder den Abend – Ihre Tasche passt sich an. Wir entwerfen pro Saison eine neue Farbkollektion mit verschiedenen Motiven, die wir bei allen unseren Produkten umsetzen. Man kann selber kombinieren, witzige Dekorationen kreieren und später passend nachkaufen. Wir benutzen umweltfreundliche Stoffe, wir lieben die Natur und denken nachhaltig und produzieren fair. Und wir haben noch jede Menge Ideen auf Lager!«, verspricht Amandine.

Wie gut hier genäht wird – das sticht sogar Papa ins Auge!

Adresse 39 Rue Saint-Placide, 75006 Paris, Tel. +33 (1) 45448212, www.papapiqueetmamancoud.com | **Anfahrt** M 4, Haltestelle Saint-Placide; M 12, Haltestelle Rennes | **Öffnungszeiten** Mo 13.30–19 Uhr, Di–Sa 10–19 Uhr

82 Papier Tigre

Der Tiger ist los

Nicht nur schön, sondern auch intelligent sind diese aus recyceltem, umweltfreundlichem Papier hergestellten Kalender, Notizhefte, Umschläge, Kartons und Kisten: eine trendige Kombination aus farbenfroher Grafik und schönem Rohmaterial. Darüber hinaus ist Papier Tigre auch ein neuer Stil: Papier im ganzen Haus, nicht nur auf dem unaufgeräumten Schreibtisch.

In 200 Geschäften und 20 Ländern weltweit konnte man die raffinierten Kreationen der drei Tigerdompteure bislang käuflich erwerben, aber einen eigenen Laden hatten sie noch nicht. Den gibt es jetzt in der Nähe des berühmten Cirque d'Hiver im 3. Arrondissement, zwischen der Place de la République und der Bastille.

Maxime, neben Julien und Agathe einer der drei Gründer, erzählt: »Seit zwei Jahren gibt es unsere Marke, angefangen haben wir mit einer Website. Papier Tigre ist kein gewöhnliches Geschäft, sondern in erster Linie unser Arbeitsort, unser Büro, unser Showroom und unser Lager. Alle drei Monate laden wir Freunde ein, einen Ort im Ort zu gestalten, sodass auch andere Markenhersteller ihre Produktionen in einer Ecke des Geschäfts präsentieren und verkaufen können. Das ist ein kreativer Austausch.«

Talent besitzen auch die Tigerfreunde, das sieht man im Geschäft. Da gibt es die »Blumentopftaschen« von Bacsac – anstelle der normalen Blumentöpfe sind sie aus umweltfreundlichem Material und leicht zu transportieren. Oder die Duftumschläge von Kerzon, gefaltete Papierbögen mit getrockneter Minze, Tee und anderen Duftkräutern, die Handtasche, Schublade oder Schrank wochenlang frisch riechen lassen. Das Ambiente ist bewusst gewählt, die Beleuchtung stammt von Octavio Amado und die Musik im Hintergrund von Night Drive Radio. Geplant sind neue, exklusive Serien von Visiten-, Glückwunschkarten und Briefköpfen – gedruckt in »Letterpress«.

Applaus für den Tiger, seine Kunststückchen und Dompteure!

Adresse 5 Rue des Filles du Calvaire, 75003 Paris, Tel. +33 (1) 48040021, www.papiertigre.fr | Anfahrt M 8, Haltestelle Filles du Calvaire | Öffnungszeiten Di–Fr 11.30–19.30 Uhr, Sa 11–20 Uhr

83_ Parapluies Simon
Singing in the rain

Direkt neben der Sorbonne und dem Jardin du Luxembourg befindet sich seit drei Generationen einer der letzten Spezialisten für Regenschirme, »Ombrelles« – kleine Sonnenschirme – sowie Spazierstöcke für Frauen, Männer und Kinder. In den tollsten Formen und Farben, von eigener Hand hergestellt oder aus anderen Kollektionen: Hier finden Sie alles, um miesem Wetter zu trotzen.

»Meine Mutter ist 1911 in diesem Geschäft geboren worden und stand mit 96 Jahren noch hinter dem Ladentisch. Sie war eine Berühmtheit; die Touristen aus Japan, Italien und von überall aus der Welt kamen, um sie zu sehen«, erinnert sich Chantal. Von unten aus der Werkstatt dringen Geräusche ans Ohr. Hier wird gefertigt, restauriert und repariert. Allein zu hohe Kosten hindern die Simons daran, alles selber zu machen. Metall-, Holzgestelle und Monturen beziehen sie aus Frankreich, der Schweiz und Deutschland. Selbstredend nur authentische Teile. Chantal ist sich dieser Tradition bewusst: »So haben es mich meine Eltern gelehrt, und in diesem Sinne macht es mein Sohn weiter. Früher hatten wir sogar eigene Handwerker, die für uns das Horn schnitzten, Leder verarbeiteten oder Handgriffe mit echtem Silber und Schmuck verzierten. Eigentlich wollte ich Malerei studieren, aber beim Zuschauen in unserer Werkstatt habe ich Gefallen am Zuschneiden der Stoffe und der Konstruktion von Regenschirmen gefunden. Ich entschloss mich, das Handwerk zu lernen, damit diese Tradition nicht ausstirbt.«

Im Angebot sind über 3.600 verschiedene Schirme, darunter auch L'Aurillac, Chantal Thomass, Piganiol, Guy de Jean, Sofrap, Jean Paul Gaultier, Longchamp, Pierre Vaux und Knirps. Parapluies Simon, das sind Chantal, Valérie und Emmanuel, das sind der Stolz und die Ehre einer ganzen Familie.

Mit einem solchen Prachtexemplar von Schirm springt nicht nur Gene Kelly verliebt von Pfütze zu Pfütze. Vielleicht singen bald auch Sie.

Adresse 56 Boulevard Saint-Michel, 75006 Paris, Tel. +33 (1) 43541204, www.parapluies-simon.com, parapluies-simon@wanadoo.fr | **Anfahrt** M 4, 10, Haltestelle Odéon; M 10, Haltestelle Cluny – La Sorbonne | **Öffnungszeiten** Mo–Sa 10–19 Uhr

84__ Paris Accordéon

Jazz, Musette und Chanson

Ob für ein Open-Air-Tänzchen beim Ball Musette am 14. Juli, für ein swingendes Abendprogramm auf dem Montmartre oder ein Tango-Event am Ufer der Seine – es geht nichts über den Sound eines Akkordeons. Direkt neben dem Konzert- und Kinosaal des Grand Rex befindet sich in der Rue de la Lune der zur musikalischen Stimmung passende Laden. Hier finden Sie die schönsten Akkordeons, Bandoneons, Konzertinas und vieles mehr.

Paris Accordéon blickt auf eine lange Geschichte zurück. 1944 wurde der Laden vom leidenschaftlichen Akkordeonisten Alfred-Marceau Magnier gegründet. Heute gibt es dort alles rund ums Akkordeon: eine Vielzahl an Instrumenten und Accessoires, aber auch pädagogisches Lernmaterial für den Unterricht, eine Fachbibliothek, CDs. Greg, selbst Musiker, arbeitet als Verkäufer und Musiklehrer. »Wir stimmen Ihr Instrument, reparieren, verkaufen sowohl neue Instrumente als auch gebrauchte. Einen Leihservice gibt es ebenfalls. In unserer hauseigenen Musikschule verfolgen wir ein Prinzip: Wir passen uns an. An Ihr Niveau, Ihre Kenntnisse. Unsere Lehrer sind spezialisiert auf verschiedene Musikrichtungen. Varieté, Musette, Chanson, Tango, Gesangsbegleitung, Klassik, Jazz, Zigeunerswing, Bebop oder andere moderne Stilrichtungen. Bei uns geht alles!«

Jacques Brel, Juliette Gréco, Charles Trenet, Edith Piaf, Jean Corti, Charles Aznavour, Richard Galliano und die unglaubliche Yvette Horner, die von 1951 bis 1963 auf einem Kirmeswagen insgesamt elfmal die Tour de France mit ihrem Akkordeon und Livemusik begleitete – sie alle haben das Akkordeon zum unvergesslichen Lieblingsinstrument einer typisch französischen Musikatmosphäre gemacht. Aber nicht nur hier, sondern weltweit liegt dieser Ziehharmonikasound im immerwährenden und ewig melancholischen Trend. »Wussten Sie, dass zwei unserer berühmtesten Instrumentenbauer aus Deutschland kommen? Genauer gesagt aus Bayern: Weltmeister und Hohner.«

Sieh an. Danke für das Kompliment!

Adresse 36 Rue de la Lune, 75002 Paris, Tel. +33 (1) 43221348, www.parisaccordeon.com, info@parisaccordeon.com | **Anfahrt** M 8, 9, Haltestelle Bonne Nouvelle | **Öffnungszeiten** Di−Sa 10.30−13 Uhr & 14.30−19 Uhr

85 Passage du Désir

A wie Amour

»Oh, ich glaub' ich habe mich verliebt! Der erste Kuss hat so viel Spaß gemacht, dass mir das dumme Herz im Leibe lacht …!« So sangen einst die Comedian Harmonists, und so könnte der Anfang einer schönen Geschichte lauten. Paris ist und bleibt die Stadt der Träume, die romantische Kulisse für verliebte Paare. Das lässt sich nicht zuletzt an der Brücke Pont des Arts ablesen: Tausende von Sicherheitsschlössern – allesamt Symbole für Amors gelungenen Pfeilschuss mitten ins Herz – funkeln und glitzern in der Sonne über der Seine. Das Vorhaben der Stadt, die Schlösser zu entfernen, ist alles andere als romantisch. Das hindert Eros nicht daran, weiter zu zielen. Sollte er auch bei Ihnen einen Volltreffer gelandet haben? Dann nichts wie hin in die Passage du Désir in der Nähe des Rathauses. Die lustigen Gegenstände im Schaufenster lassen einen schon vor der Tür ins Schmunzeln geraten.

Der elegante, großzügig angelegte Lovestore bietet in schöner Beleuchtung Erotisierendes zum Verschenken, zum Verwöhnen oder um einfach einmal etwas Neues auszuprobieren. Hier gibt es alles, um das Liebesleben mit viel Humor fit zu machen. Die Verkäuferinnen sind jung und sympathisch, die Atmosphäre locker; man darf ruhig neugierig sein: Spiele, Bücher, Nudeln und andere Köstlichkeiten in erotischen Formen, Postkarten mit anzüglichen Sprüchen, Kosmetik und Duftkerzen für »La vie en rose«. Dazu eine ganze Kollektion von Massageölen, sexy Herren- und Damenwäsche, Strümpfe und Büstenhalter, witzige Accessoires aus Federn, lustige Aufkleber, Ringe, Ketten und Anhänger.

Im hinteren Teil des Ladens locken Sextoys in den unterschiedlichsten Formen und Farben. Dort gibt es zudem Boas, Ledercolliers, Reizwäsche, aber auch Kostüme zum Verkleiden wie die Krankenschwesterschürze, die Polizeiuniform mit Handschellen oder eine Nietenjacke aus schwarzem Leder mit Peitsche und Stiefeln. Hier versteht man sich auf eine gelungene Rollenverteilung. Denn wie lautet das Ladenmotto? »Unser Anliegen ist eine dauerhafte Partnerschaft.«

Adresse 23 Rue Saint Croix de la Bretonnerie, 75004 Paris, Tel. +33 (1) 42760345, www.passagedudesir.fr | **Anfahrt** M 1, 11, Haltestelle Hôtel de Ville | **Öffnungszeiten** Mo–Sa 12–21 Uhr, So 14–20 Uhr

86__Petit Pan

Im Reich der inneren Mitte

Angefangen hat alles im September 2000 mit einem Päckchen aus China: »Darin war ein selbst genähtes Kinderensemble, das Geschenk meiner fernen Schwiegermutter zur Geburt ihres Enkels. Ich war begeistert von der kuscheligen Textur, den pfiffigen Motiven, den poppigen Farben, der wundervollen Verarbeitung. So hat die Geschichte von Petit Pan begonnen«, erzählt Mitinhaberin Myriam De Loor.

Das Reich der Mitte steht bis heute Pate bei der besonderen Ästhetik der Produkte: Hier gibt es Federbetten, bedruckte Stoffe, Wachsdecken, Lampen, bequeme Sofas, Tragetaschen, Zementfliesen, Schulhefte, Babykleidung, Möbel und Spielzeug, kunterbunt und lebensfroh, für kleine und große Kinder und all jene, die mit kraftvollen Farben den grauen Alltag verzaubern möchten. Dafür steht Petit Pan, dafür stehen Myriam De Loor und Pan Bohua, die inzwischen mehrere Geschäfte mit ein und demselben Ziel betreiben: Freude am Leben.

Gleichermaßen bezaubernd sind auch die hochmotivierten Mitarbeiter. Die Farben empfinden sie als positive Energie. »Die laden einen richtig auf. Rot, Orange, Gelb, Blau und Grün, bei uns gibt es keine blassen Farben. Unsere Produkte strahlen regelrecht. Wie schönes Wetter!«, sagt Verkäuferin Oihana.

Besonders fasziniert ist sie von den Lampions und Laternen aus Papier, etwa eine gepunktete Kaffeekanne als Küchenlampe. Fürs Kinderzimmer gibt es märchenhafte Wolken, Fische oder Vögel als Deckenleuchten. Eines darf natürlich nicht fehlen: »Wir verkaufen auch Drachen zum Fliegen, ebenfalls aus Papier und federleicht. Der Vater von Pan Bohua war ein berühmter Drachenbauer und nicht nur in China bekannt. Wir haben Modelle von kleinen Fischen, Libellen und zauberhaften, hauchdünnen Schmetterlingen. Wenn die in der Luft fliegen, denkt man, die Flügel seien echt!«, beteuert Oihana.

Kommen Sie her und überzeugen Sie sich: Die Höhenflüge der Phantasie sind das wahre Reich der Mitte.

Adresse 37 & 76 Rue François Miron, 75004 Paris, Tel. +33 (1) 42745716,
www.petitpan.com, info@petitpan.com | **Anfahrt** M 1, Haltestelle Saint-Paul |
Öffnungszeiten Mo – Sa 10.30 – 14 Uhr & 15 – 19.30 Uhr

87___La Phonogalerie

Verliebt in Musik

Musik anhören wie anno dazumal? Ein Friedhof für Grammophone, Transistorapparate oder alte Plattenspieler also? Mitnichten: Hier geht die Post ab. Alle Kofferradios, Kassettenrekorder, Aufnahmegeräte und Musikboxen sind Originale und funktionstüchtig. Reproduktionen gibt es nicht.

»Musik ist lebendig«, lautet die Überzeugung von Jalal Aro, dem Inhaber. »Ich höre alles, aus allen Ländern, von damals bis heute – alle Rhythmen, Tanzmusik, Schlager, Jazz, Opern und Operetten. Bei mir finden Sie 78er-Schellack- und 33er-Langspielplatten, 45er-Singles und Kassetten.« Irgendwann hat er mit dem Sammeln begonnen. Heute umfasst seine Kollektion über 10.000 Schallplatten, und er hat mehrere tausend Geräte im Angebot. »Bei uns werden die wertvollen Altertümchen zu neuem Leben erweckt. Ein jahrzehntelang nicht benutztes Gerät ist fast immer reparaturbedürftig, manchmal bedarf es nur einer kleinen Auffrischung, manchmal eines Komplett-Liftings. Bei uns geht es nicht nach Rentabilität, der Luxus ist die Zeit. In der heutigen Gesellschaft muss alles schnell gehen – wir machen es anders.«

Auf über 100 Quadratmetern stapeln sich die unglaublichsten Elektrogeräte, Starposter, Bücher, Zeitungsartikel, Werbeartikel, Hi-Fi-Anlagen, Zylinderphonographen, Grammophone von 1895 bis 1980. Tonträger von Mistinguett, Charles Trenet, Pavarotti, Les Rita Mitsouko, den Beatles – und auch vollkommen unbekannten Musikern. Alles kann käuflich erworben oder für ein Event ausgeliehen werden. Regelmäßig werden Ausstellungen, Konzerte und Konferenzen ausgestattet. Für alle Musikliebhaber, die das Anhören im Originalsound mit Leidenschaft genießen, ein wahrer Ohrenschmaus.

Neben dem Geschäft ganz neu: das »Phono-Museum« gleich um die Ecke, 53 Boulevard de Rochechouart. »Johnny Hallyday und Olivia Ruiz waren die Ersten, die unser Museum finanziell unterstützt haben, beide sind Kunden und Fans.«

Unforgettable.

Adresse 10 Rue Lallier, 75009 Paris, Tel. +33 (1) 45264580, www.phonogalerie.com, aro@phonogalerie.com | **Anfahrt** M 2, Haltestellen Pigalle & Anvers | **Öffnungszeiten** Do, Fr & Sa 14 – 20 Uhr und nach Vereinbarung: Tel. +33 (6) 80615937

88 Le Photon des Vosges

Quelle des Lichts

Sehen und gesehen werden: Le Photon des Vosges ist ein echter Lichtblick für alle Brillenträger. Die Zeiten der unansehnlichen Kassengestelle sind vorbei, »Brillenschlangen« Geschichte. Direkt neben dem königlichen Place de Vosges befindet sich das Optikgeschäft von Dr. René Ohana. Er ist Doktor der Physik, diplomierter Optiker und leidenschaftlicher Musiker. Orientalische Zupfinstrumente hängen neben Hunderten von außergewöhnlichen Brillengestellen zur Dekoration an der Wand. Im Untergeschoss des Ladens hat er seine Werkstatt und einen Proberaum; oft wird dort nach Ladenschluss im engsten Kreise musiziert. Er ist genau wie seine Brillen: ein absolutes Unikat.

Hier gibt es ganze Brillenkollektionen, massive Silbergestelle aus dem 17. und 18. Jahrhundert, Metallbrillen aus den 1920er Jahren, vergoldet, versilbert, farbig-bunt, exzentrische Gestelle aus den 1950er bis 1970er Jahren, wertvoll und bisweilen ungetragen. »Die habe ich bei außergewöhnlichen Gelegenheiten erstehen können. Genauso gern arbeite ich mit modernen Designern zusammen – wie Traction Productions, Lesca Lunetier oder Oliver Peoples.« Künstler, Architekten, Psychologen, originelle Leute bilden das Klientel von Dr. Ohana. Beratung wird für ihn großgeschrieben. »Eine neue Brille verändert die Gewohnheiten, das Selbstbild und das der anderen. Eine Brille ist Gebrauchsgegenstand, Arbeitsutensil, aber auch Dekorationsobjekt mitten im Gesicht. Die Auswahl an Gestellen geht von ernsthaft über schräg oder poppig bis modebewusst, praktisch, bequem oder elegant. Zum Arbeiten, zum Ausgehen, zum Lesen oder als Sonnenschutz. Ich finde genau die richtige Brille für Ihren Typ!«

Le Photon – das ist Licht und die Quantenphysik, die elementare Anregung des elektromagnetischen Feldes. Man braucht jedoch kein Nobelpreisträger zu sein, um diesen Laden mit einer gescheiten Brille zu verlassen.

Adresse 9 Rue du Pas de la Mule, 75004 Paris, Tel. +33 (1) 42774522 |
Anfahrt M 1, Haltestelle Saint Paul; M 1, 5, 8, Haltestelle Bastille; M 8, Haltestelle Chemin
Vert | **Öffnungszeiten** Mo–Sa 9–12 Uhr & 14–18 Uhr

89_ Place A
Wo man sich selbst beschenkt

Machen Sie Ihrer Phantasie Platz und lassen Sie ihr einen anderen Lauf als üblich: Gehen Sie den Montmartre nicht hinauf, sondern hinunter. Lassen Sie die Sacré-Coeur im Rücken, überqueren Sie den kleinen Square d'Anvers, gehen Sie weiter die Rue Turgot hinunter, bis sie die Rue Condorcet kreuzt und dann an der Ecke nach links. Und schon stehen Sie vor dem Geschäft von Adrien Crosas im Herzen von Pigalle-Süd.

In schwebenden Bilderrahmen baumeln lustige Objekte im Schaufenster. Und so ist das ganze Geschäft: originelle Präsentation, künstlerisch in Szene gesetzt. »Ich bin gelernter Dekorateur, mein Traum war ein eigener Laden, der ein ganz anderes, witziges Design präsentiert!«, sagt Adrien.

Mit einem Online-Shop fing er an; zwei Jahre später, mit Hilfe von Experten, Freunden und Fans, hat er es geschafft. Place A – das bedeutet »Platz machen« für neue Kreationen, gleichzeitig ist es der ganz persönliche Ort von Inhaber Adrien. »Meine Geschenkartikel stammen aus der ganzen Welt. Meine Bestseller sind die umweltfreundlichen Yankee-Candle-Kerzen mit Baumwolldocht aus Kanada. Die riechen nach Erdbeereis oder Marshmallows. Dann habe ich die Nagellackmarke ›Mint‹ aus L.A., antikrebsgetestet und bio.« Ihm liegt daran, dass ohne Tierversuche produziert wird. Er konzentriert sich auf Objekte, die zwei »Seiten« haben, das heißt schön, dekorativ, lustig, manchmal zweckentfremdet, aber auch nützlich. Die Rote-Kreuz-Kiste in Form eines Holzbuches etwa stammt aus Dänemark, das Heft mit den Seiten aus 20 Bogen Geschenkpapier ist von der französischen Designerin Natalie L'Eté. »Bei mir finden Sie Teetassen aus Japan, Spruchgirlanden aus London, Lampen, Birnen, Küchenartikel, Einkaufstaschen mit ›Fill me up‹ bedruckt, Kunstzeitschriften, Schultaschen, Gartenartikel, Blumentöpfe, Schmuck – und alles zu günstigen Preisen.«

Schenken und sich selbst beschenken macht hier einmalig Spaß. Fill me up!

Adresse 19 Rue Condorcet, 75009 Paris, Tel. +33 (9) 83855821, www.place-a.com |
Anfahrt M 2, Haltestelle Anvers | Öffnungszeiten Di–Sa 11.30–19.30 Uhr

90__ La Maison de la Porcelaine

Es muss nicht immer weiß sein

Namensgeberin des Porzellans war eine Meeresschnecke mit weiß glänzender Schale. Die Feinkeramik wird aus einem Gemisch von Kaolin, Porzellanerde, Feldspat und Quarz gebrannt. Glasiert oder unglasiert verzaubert das »Weiße Gold« nicht nur die Tische von Staatschefs, Königen und Prinzen, sondern steht per se für guten Geschmack.

Die Manufaktur befindet sich in der Rue de Paradis in der Nähe des Gare de l'Est, einst die Straße schlechthin für Kristallproduktion, Fayence, Steingut und Keramik. In der Hausnummer 18, heute unter Denkmalschutz, wurden die Emaillekacheln für die Pariser Metro entworfen und hergestellt.

»Wir haben sehr viel in Weiß, in erster Linie aus unserer Fabrik in Limoges. Ein weißes Service kann man personalisieren, mit einem Logo versehen, mit einer Aufschrift verzieren, mit den Initialen einer Familie, mit Blumen oder Blättern bedrucken, bemalen, verchromen. Wir produzieren, reproduzieren und importieren.« Damien, der Verkäufer, zeigt auf ein rosa geblümtes Teeservice, eine perfekte Reproduktion. Vor 300 Jahren gehörte das Modell zur Kollektion im Schloss von Versailles. Importländer sind Italien, Deutschland, England, Osteuropa, aber auch Nordafrika, Marokko und Ägypten. Über 2.000 verschiedene Modelle befinden sich im Laden – für kleine und große Geldbörsen, für Restaurants, Hotels und für Privatleute.

Ob rund, eckig, weiß oder bemalt, modernes Design oder barock, hier findet man alles, um einen Tisch schön zu decken, dazu die passenden Gläser, Karaffen, Bestecke sowie Töpfe zum Kochen und Backen – garantiert für jeden Geschmack und Gebrauch. Der filigrane Porzellanschmuck des Designers Bruno Mercier ist das I-Tüpfelchen; Sie können unter 150 verschieden bemalten Ringen und Halsketten auswählen. Ob für eine festliche Hochzeitstafel, für Feten und Feste, »ganz in Weiß« wie Roy Black es besang, muss es nicht immer sein!

Adresse 21 Rue de Paradis, 75010 Paris, Tel. +33 (1) 47702280, www.maisonporcelaine.com | **Anfahrt** M 4, Haltestelle Château D'Eau; M 7, Haltestelle Cadet | **Öffnungszeiten** Mo–So 10–18.30 Uhr

91 Les Poupées d'Autrefois
Souvenirs einer Kindheit

Sie haben eine Leidenschaft für antike Puppen oder schwelgen in der nostalgischen Erinnerung an alte Kindertage? Hier warten die schönsten Herzensbrecher aus den Kinderzimmern vergangener Zeiten auf Sie: Puppen von 1880 bis zur Barbie der 1970er Jahre.

Berühmt an der Rue Parmentier ist ihr Namensgeber Antoine Parmentier, der aus Amerika die Kartoffel mitgebracht hat. Die Hausnummer 116 birgt andere Schätze zum Genießen. Ebenfalls im Ofen gebacken, gebrannt, glasiert, aber zum Essen eher nicht geeignet, sind die wertvollen Puppen von Madame und Monsieur Nguyen. Mit viel Liebe und Leidenschaft meisterlich restauriert und authentisch gekleidet, sind die Puppen so lebendig, dass man instinktiv innehält.

»Wenn ein Porzellankopf zweimal gebrannt ist, spricht man von einem ›Biskuit‹, so lustig das klingt. Der ist besonders haltbar und die Farben sind natürlich. Wir bekommen manchmal Puppen, die aus dem Keller oder vom Dachboden kommen. Man weiß nie, in welchem Zustand eine Puppe gelagert wurde und muss beim Reinigen ganz vorsichtig sein«, so der Meister Nguyen. Porzellan- und Keramikköpfe werden mit einem weichen Lappen, etwas flüssiger Seife und einigen Tropfen Wasser gesäubert. Besonderes Fingerspitzengefühl gilt es bei den Augen an den Tag zu legen. Wichtig ist ihm zudem die originale Bekleidung, denn deren Austausch mindert den Wert einer Puppe. Monsieur Nguyen steht mit Rat und Tat zur Seite und gerät darüber ins Schwärmen: »Um ein solches Schätzchen zu lagern, empfehle ich eine luftdichte, geschlossene Vitrine, aber nicht neben einer Heizung oder direktem Sonnenlicht ausgesetzt. Eine antike Puppe hat unschätzbaren Wert und muss mit Vorsicht behandelt werden. Mit unseren Puppen können Sie träumen, in eine andere Epoche entschwinden, sie sind die Souvenirs einer Kindheit.«

Ob Barbie oder Biskuit – wenn Ihnen eine »Puppe von damals« zuzwinkert, geht Ihnen das Herz auf!

Adresse 116 Avenue Parmentier, 75011 Paris, Tel. +33 (1) 43385603 & +33 (6) 85626874, www.lespoupeesdautrefois.com, lespoupeesdautrefois@orange.fr | Anfahrt M 3, Haltestelle Parmentier | Öffnungszeiten Mo–Sa nach telefonischer Vereinbarung

92 Puces de Saint-Ouen

Wo die Flöhe tanzen gehen

Flohmärkte gibt es überall, aber die Puces de Saint-Ouen sind einmalig auf der Welt. Da riecht es nach Abenteuer, Zigeunermusik liegt in der Luft, und jedes Fundstück erzählt eine Geschichte. Man kann sich mit entsprechenden Kostümen auf Zeitreise begeben, auf Opas altes Grammophon genau wie auf die bestickte Tischdecke der Tante stoßen. Vom Monokel über gebrauchte Militärkleidung, Orientteppiche, Langspielplatten, Möbel, Dekorationsobjekte, Schmuck und Hüte bis zum Kristalllüster aus Versailles entfaltet sich eine enorme Pracht. Wer redet da von Trödel?

Die Zeiten der Lumpensammler und Händler sind lange vorbei. Anstelle der alten Wohnwagen und Sperrmüllablagen des späten 19. Jahrhunderts gibt es hier heute schöne Geschäfte, Lagerhallen und Bistros. Im vorderen Teil der »Puces«, direkt nach dem Ausgang an der Endstation der Metrolinie 4, findet man zahlreiche Stände im Freien. Überquert man die Stadtautobahn, kommen dann Hallen und überdachte Hinterhöfe mit entzückenden Läden.

Bei »Antika« etwa finden Sie Möbel und Gegenstände aus dem 18. und 19. Jahrhundert, bei »Biron« Mobiliar aus Asien und Europa, Schmuck, Grafiken und Zeichnungen. Bei »Cambo« gibt es Skandinavika, Kuriositäten und antike Waffen. »Dauphine« bietet klassische Antiquitäten, Industriedesign, Bücher, Musik, Stoffe, Uhren. Im »L'Entrepot« stehen antike Kamine, Bibliotheken, ganze Treppen. Bei »Jules Vallès« präsentieren sich Jugendstil, Bronze, antike Bücher, Stehuhren, Schallplatten, Militaria, Plakate. »Malassis« lockt mit moderner Kunst, Jugendstil, Erotika, Spielen, Mode, Fotos, Skulpturen, europäischem Glas. In »Le Passage« finden Sie Postkarten, antike Kleidung und gestylte Gartenmöbel, bei »Paul Bert Serpette« Möbel, Kunst- und Dekorationsobjekte, angefangen im 17. Jahrhundert. Um das ist noch lange nicht alles.

Es darf geschnüffelt, gefeilscht und gehandelt werden. Die »Puces« sind wie eine abenteuerliche Reise in ein anderes Universum. Da juckt's!

Adresse 138/140 Rue des Rosiers, 93400 Saint-Ouen, Tel. +33 (1) 58612290, www.marcheauxpuces-saintouen.com | **Anfahrt** M 4, Haltestelle Porte de Clignancourt | **Öffnungszeiten** Sa 9–18 Uhr, So 10–18 Uhr, Mo 10–17 Uhr

93 Jamin Puech

Leder, Perlen, Spitze, Klasse

»Eine Handtasche muss von innen genauso schön sein wie von außen.« Das ist die Devise von Benoit Jamin und Isabelle Puech. Angefangen haben die beiden 1992 in der Wohnung über dem Laden, inzwischen gibt es über 300 Verkaufsorte weltweit.

Jamin und Puech waren die ersten Designer, die Stofftaschen von Hand geflochten haben. Beim berühmten Wettbewerb für Modedesign in Hyère im Süden von Frankreich gewannen die beiden den ersten Preis inklusive Finanzspritze für Produktion und Werbung. Seit dem Jahr 2001 vergrößerte sich das Unternehmen nach und nach.

Jede Kollektion ist eine Reise. Außergewöhnlich ist jede einzelne, sowohl optisch als auch von den Materialien her: Sisal, Bast, Leinen, Leder, bestickt, in gehäkelter, geflochtener oder gewebter Form, oft umfunktioniert. Überraschungseffekte sind garantiert. Leder wird lackiert, bedruckt, mit einem Laser geschnitten, mit Spitze gefüttert. Da wird die Handtasche zum Kunstwerk. Jedes Detail zählt, seien es wertvolles Futter, Druckknöpfe, Reißverschluss oder Handgriff. Horn, Porzellan, Perlmutt, Samt und Seide, innen wie außen, sichern erlesene Qualität. »Die Kreationen von Jamin Puech haben Charakter, sind frisch, farbenfroh, und jede von ihnen ist einzigartig. Die Taschen zur Abendrobe sind die Luxusklasse, da wird die Handtasche zum Statussymbol«, sagt Verkäuferin Vanessa stolz.

Die 1940er und 1950er Jahre und viele Reisen sind Quellen der Inspiration für das Designer-Duo und seine Kunst. Ob in rosa-weiß kariertem Vichy-Baumwollstoff, mit Perlen bestickt, aus weichem Leder wie eine exotische Frucht gestaltet, aus einem ehemaligen Kleidungsstück mit integriertem Ledergürtel designt oder aus Bast mit Blumen- und Fischmotiven gewebt: Eine Tasche von Jamin Puech ist immer Ergebnis des Reisefiebers zweier großer Meister – und strahlt es aus.

Zum Bewundern, zum Ausgehen, zum Habenwollen: Da fährt man drauf ab. Bon Voyage!

Adresse 61 Rue Hauteville, 75010 Paris, Tel. +33 (1) 40220832, www.jamin-puech.com |
Anfahrt M 7, Haltestelle Poissonnière; M 8, 9, Haltestelle Bonne Nouvelle |
Öffnungszeiten Mo, Mi, Do & Fr 10–19 Uhr, Di & Sa 11–19 Uhr

94__Repetto

Nicht ohne meine Ballerinas

Der Fuß muss »auf die Spitze«. Im Ballett braucht man Ehrgeiz. Da hilft kein Klagen, da hilft nur Training, Üben, Disziplin – und zuweilen der Triumph der Mutterliebe.

»Es war einmal ein Junge, der hieß Roland Petit. Der hatte eine Mutter, die hatte ihn gar lieb ...« So könnte das Märchen beginnen. Rose Repetto, Bistrobesitzerin und hervorragende Schneiderin, war es leid, ihren Sohn – damals ein junger Tänzer – nach dem stundenlangen Tanzunterricht mit blutenden Füßen vorzufinden. Da kam ihr eine Idee: Sie nähte die Sohle in umgekehrter Weise von vorn nach hinten in den Tanzschuh, die Rückseite nach innen und verdoppelte die Verstärkung für die Zehen. Der Fuß wurde damit leichter, die Zehen besser geschont. Das Ergebnis: große Begeisterung in den Ballettschulen.

1947 dann eröffnete Repetto ein Schuhatelier direkt neben der Pariser Oper. Sie entwickelte die ersten Spitzen-Ballettschuhe und erfand Ballerinas für die Straße. Das Modell »Cinderella« widmete sie Brigitte Bardot. Nur kurze Zeit später wurden genau diese Schuhe weltberühmt in »Und ewig lockt das Weib«.

Die berühmtesten Tänzer kamen in die Rue de la Paix: Maurice Béjart, Rudolf Nurejew, Mikhail Baryshnikov, Carolyn Carlson, das Kirow-Ballett, das Folies Bergère ... Selbst Serge Gainsbourg, der nie getanzt hat, trug stets die Kreation »Zizi« – flache weiße Lederschuhe mit Schnürsenkeln. 1967 eröffnet Rose Repetto eine Fabrik in der Dordogne und stellt bequeme Hausschuhe, die »Pantoufles«, her. Auch heute noch werden ihre Ballerinas neben den weltberühmten »Points« in verschiedenen Stärken und Größen produziert. Tutus, Ballerinas, Strümpfe, Aufwärmkleidung, Tanzaccessoires, aber auch Straßen-Ballerinas gibt es in allen Größen und Farben zu kaufen. Heute ist Repetto selbst ein »Etoile«, ein Star – und dies nicht nur am Sternenhimmel der Tänzer.

Not macht erfinderisch, Mutterliebe auch. Vorhang auf!

Adresse 22 Rue de la Paix, 75002 Paris, Tel. +33 (1) 44718312, www.repetto.fr | **Anfahrt**
M 3, 7, 8, Haltestelle Opéra | **Öffnungszeiten** Mo−Sa 9.30−19.30 Uhr

95 Le Roi de la Capote

Der König der Pariser

Andere Länder, andere Namen: Wussten Sie, dass er in Frankreich »englische Kapuze« genannt wird? In Deutschland sagt man zu ihm »Pariser«. Richtig. Es geht um das Kondom, die Gummimütze.

Erst kürzlich wurde dieser bisher einzige Laden in der Metropole – der »König der Kapuze« – von Vincent Vidal und Marc Pointel gegenüber dem Konzertsaal Bataclan und dem Kanal Saint-Martin eröffnet. Seit 2005 wurden über 1,5 Millionen Präservative online pro Jahr im Internet verkauft, das bedeutet eine »Kapuze« alle 21 Sekunden. Damit ist Le Roi de la Capote der größte Kondomverkäufer in ganz Frankreich. »Man will ja auch mal schauen, hat Fragen, möchte Rat, deswegen haben wir das Geschäft eröffnet. Ein Präservativ muss sich anpassen, nicht nur an sexuelle Praktiken, an die Anatomie, sondern auch an den Geldbeutel«, finden Vincent und Marc. Das Angebot besteht aus über 250 Kondomen in verschiedenen Größen, Farben, Geschmacksrichtungen zu unterschiedlichen Preisen. Und jede Menge Extras: »Wir haben eine ganze Linie nur für Frauen. Für den Fun gibt es eine lustige Serie mit kleinen Figuren und Objekten wie etwa den Eiffelturm als Gummi.«

Das Geschäft ist kein Erotikladen, vielmehr erinnert es an eine Apotheke – und so soll es auch sein. Eine helle, klare Beleuchtung, vom Style her fast klinisch. Die Produkte werden auf kleinen Wandregalen griffbereit präsentiert. Das sympathische Fachpersonal steht bei Fragen zur Verfügung, man ist locker und entspannt.

»Wir verkaufen ja was Gutes. Unser Motto lautet: Wenn du scharf bist, darfst du rangehen, aber geschützt! Dafür sind wir da. Wir versuchen, auf alle Fragen einfach und klar zu antworten. Gehen sie über das Ladenmögliche hinaus, haben wir einen Telefondienst. Da arbeiten wir mit Gynäkologen, Sexologen und Psychologen zusammen«, sagt Marc Pointel.

Der König der Pariser – endlich wie Gott in Frankreich!

Adresse 106 Boulevard Richard Lenoir, 75011 Paris, Tel. +33 (1) 42386040, www.leroidelacapote.com | **Anfahrt** M 5, 9, Haltestelle Oberkampf; M 9, Haltestelle Saint-Ambroise | **Öffnungszeiten** Mo−Sa 9−20 Uhr

96 Rougier et Plé

Von Himmelblau bis Sonnengelb

»Ich mal dir einen Himmel, ich mal die Sacré-Cœur, ich mal dir den Montmartre, mein Name ist Jean-Jacques.« Jean-Jacques ist Stammkunde. Ausgerüstet mit tragbarer Staffelei, einem Rucksack voll Farbtuben und Pinsel, sucht er nach Terpentin im Angebot. »Hier gibt es alles, Pastell- und Ölfarben, Leinen und Keilrahmen, Pinsel und Firnis. Hier kannst du auch 'n Kurs mitmachen, damit du lernst, wie's geht.«

Rougier et Plé – ursprünglich ein kleines Haus in der Rue Ponceau – existiert seit 1854. Das Unternehmen war eine »Quincaillerie«, eine Eisenwarenhandlung. Es gab dort Nägel, Leder, Sohlen, Scheren und Schustermaterial und bereits 1905 Bestellkataloge.

1961 zog Rougier et Plé an den Boulevard des Filles du Calvaire, erweiterte seine Verkaufsfläche auf 800 Quadratmeter und war bevorzugter Lieferant der Handwerker im Marais, dem ältesten Stadtviertel von Paris. Neue Filialen wurden gegründet; die Zusammenarbeit mit dem Fabrikanten Mecanorma öffnete den Markt für das Kunsthandwerk. Kunsthochschulen, Grafik- und Designinstitutionen sind bis heute gute Kunden, aber auch Studenten, Bastler, Maler und die, die es noch werden wollen.

Seit Kurzem gibt es einen weiteren Laden im Quartier Latin, am Boulevard Saint-Germain. Die schönsten Pastelltöne schimmern einem gleich am Eingang entgegen. Kartons und edle Papiere, handgeschöpft aus Japan oder China, exotische Pinsel in sämtlichen Größen und Formen. Darüber hinaus: Aquarell- und Ölfarben, Lack- und Biofarben, Rahmen, komplette Pastell- und Kreidekoffer, Ton zum Töpfern, Filz- und Bleistifte, Wasser- und Acrylfarben, Spraydosen für Graffitikunst, Messer, Scheren, Druckpressen, Härter und Entferner. Ein Paradies der Farben.

»Ich gehe jetzt zum Place du Tertre, hab' dort oben meinen Stand, verkauf' dort meine Bilder und male, was ich kann. Der Himmel ist blau, die Sonne scheint, mach's gut, bis bald! A bientôt, Rougier et Plé.«

Adresse 108 Boulevard Saint-Germain, 75006 Paris, Tel. +33 (1) 56811335, www.rougier-ple.fr, info@rougier-ple.fr | **Anfahrt** M 4, 10, Haltestelle Odéon; M 10, Haltestelle Cluny – La Sorbonne | **Öffnungszeiten** Mo – Sa 10.30 – 19.30 Uhr

97___La Ruche

Bienen mit Humor

»La Ruche« heißt Bienenstock. Hier meint es das glückliche Zusammentreffen zweier begabter, umtriebiger Frauen. Die eine näht Kleider nach Gedichten, die andere entwirft Objekte und Design zum gleichen Thema. Das Ergebnis: ein spannender Dialog zwischen Mode und Dekoration, eine poetische Inszenierung. Den Concept Store betreut Olivia, das Atelier Marie Labarelle.

»Olivia und ich kennen uns schon sehr lange«, sagt Marie Labarelle. »Sie kommt aus der Möbelbranche und ist von Haus aus Designerin. Ich hatte hier den Laden, er war mein Atelier. Anfangs war sie Kundin, kam immer wieder und half sogar im Laden aus. Der Rest ist schöne Geschichte.«

Die beiden arbeiten nun zusammen daran, einen Dialog zwischen der Kleidung und den Objekten herzustellen. Es soll eine Art »optisches Gespräch« entstehen. Themenschwerpunkte waren zuletzt »Wald« und »Reflexe«. Hier luden die Arrangements zu einem Waldspaziergang ein; mit allen Sinnen frische Luft zu tanken, die Natur zu spüren. Die Natur als Inspiration für künstlerische Kreation. Für dieses Projekt wurde eine Fotografin dazugeholt, es sollte auch um Licht und Schatten gehen. »Wir haben Objekte, die sind geheimnisvoll, die führen hinter das Licht, haben mehrere Funktionen und nicht unbedingt diejenigen, die man erwartet. Mit Olivia wird die Poesie auf humorvolle Art mysteriös. Wir sind ein kreatives Kollektiv, ein Bienenstock eben«, lächelt Marie, die Modeschöpferin.

Der Laden ist eine Bühne für ständig wechselnde »Improvisationen«: Röcke, Kleider, Mäntel, Blusen und Hemden, fast barock, kombiniert mit Jeans und Turnschuhen für jeden Tag. Vasen und Bürolampen sprechen mit einem Schaf aus Karton. Ein Porträt von Ludwig XV. mit Loch im Auge kann man von innen an die Wohnungstür hängen und so den Türgucker aufpeppen. Eine aus Holz gesägte Fliege als Anstecknadel und Krawattenersatz macht jedes Hemd zum Hingucker.

Flott, fleißig und poetisch – am Werk sind Bienen mit Humor.

Adresse 34 Rue des Petites Écuries, 75010 Paris, Tel. +33 (1) 44839447, www.marie-labarelle.com, marielabarelle@hotmail.com | **Anfahrt** M 8, 9, Haltestelle Bonne Nouvelle | **Öffnungszeiten** Di–Sa 13–19.30 Uhr

98__Sonia Rykiel

Muse in Strick

Einst fand sie ihre eigene Masche, heute residiert sie einer Königin gemäß in einem luxuriösen Haus im Quartier Saint-Germain. Dabei fing es bescheiden an: Ursprünglich wollte sie nur Ehefrau und Mutter sein. Während ihrer zweiten Schwangerschaft allerdings stellte sie fest, dass es keine passende Kleidung gab – wie beispielsweise weiche, elastische Pullover. So entwarf Sonia Rykiel ihre erste Strickkollektion zunächst für Schwangere. Inzwischen gibt es auch eine für Damen und Mädchen, Accessoires und Parfum. Darüber hinaus ist sie als Schriftstellerin tätig, richtet Hotels ein, singt. Sogar eine Rose und ein Club-Sandwich im legendären Café de Flore sind nach ihr benannt. Sie war Andy Warhols Muse; er drehte einen Film über sie und fertigte ein Porträt von ihr an. Zu ihren ersten prominenten Kundinnen gehörten Brigitte Bardot und Catherine Deneuve.

Ihre Stilmerkmale sind seit den 1980er Jahren: Ringelstreifen, Strass-Steine und Spitze, die Farbe Schwarz und großbuchstabige Botschaften auf Strickpullovern aus Kaschmirwolle.

Das Pariser »Musée des Arts décoratifs« ehrte die Strickkönigin mit einer großen Retrospektive. Anlässlich des 40. Jahrestages der Gründung des Hauses kreierten 30 weltbekannte Designer, darunter Karl Lagerfeld, Christian Lacroix, Ralph Lauren und Alber Elbaz typische Outfits im Rykiel-Stil. »Diese Jubiläumsschau war einfach genial. Karl Lagerfeld hat ein Kostüm mit Streifen und surrealistischen Lippen entworfen, Martin Margiela und Jean-Charles de Castelbajac zeigten einen roten Zottelpullover als Symbol für Sonias Haar. Die absolute Krönung der Show war Jean Paul Gaultier, der zum Abschluss ein Model als Rykiel-Klon auf den Laufsteg schickte, mit langer Stricknadel in der Hand, die ihr Kleid am Körper weiterstrickte. Vive la reine!«, erinnert sich der Modejournalist Jean Yves.

Bei Sonia Rykiel finden auch Sie – ohne emsige Nadel am Kleid – Ihre eigene Masche!

Adresse 175 Boulevard Saint-Germain, 75006 Paris, Tel. +33 (1) 49546060, www.soniarykiel.com | **Anfahrt** M 4, Haltestelle Saint-Germain-des-Prés | **Öffnungszeiten** Mo–Sa 10.30–19 Uhr, So 13–19 Uhr

99__Les Sabots de Marie

Wo Füße demonstrieren

Lust auf entspannte Füße – drinnen wie draußen?

»Mein Großvater war Kohlenhändler, da gehörten die Clogs zum Beruf. Von klein auf war ich an das klappernde Geräusch gewöhnt. Wenn Sie, so wie ich, jahrelang in einer Bar gearbeitet haben und von morgens bis abends auf den Beinen stehen, dann wissen Sie, wie wohltuend Clogs sind.« So Marie Bovet, die Inhaberin.

Clogs sind pantoffelartige Unisex-Schuhe mit einem festen, meist aus Holz bestehenden Boden. Sie haben sich aus Spezialarbeitsschuhen mit Holzboden entwickelt. In den 1970er und frühen 1980er Jahren erlebte der Clog einen regelrechten Boom und wurde nicht mehr nur als Arbeitsschuh getragen, sondern ging als hippes Teil auf die Straße.

Maries Clogs kommen aus Schweden, haben eine Antirutsch-Sohle, sind isoliert, solide und lautlos, haben einen Absatz aus massiver Eiche von fünf oder sieben Zentimetern und sind trotzdem ganz leicht. Sie führt über 15 verschiedene Modelle, Hunderte lustige Farben und die tollsten Materialien. Ob Naturleder, gewachst oder lackiert, Tierhaut, Tierfell, Filz, Stoff oder Pelz, metallen oder aus Plastik – allesamt weit weg von Opas Arbeitsschuh. »Für die ganze Familie habe ich Modelle in allen Größen. Für die Fußball-fans aus Fußball-Leder; für kleine Mädchen mit Blümchen oder Herzchen verziert; für Discofans mit Strass oder Leuchtfarben designt; für Männer Modelle in schwarzem und braunem Leder. Für kalte Füße gibt es Clogs mit Fellfutter und eine Auswahl von Socken und Strümpfen. Es wäre doch schade, wenn ich Sie nicht davon überzeugen könnte, dass Clogs bequem, gesund, modern und chic sind. Einmal Clogs, immer Clogs!«, schwärmt die Inhaberin.

Neben dem Clogsangebot findet man in dem Laden ganz in der Nähe der Bastille auch Tierhäute, Schaffelle, Winterpullover, Kerzen und Dekorationsobjekte – Accessoires, um eine kuschelige, warme Atmosphäre zu schaffen.

Für das alles geht man doch gern auf die Straße!

Adresse 25 Rue Faidherbe, 75011 Paris, Tel. +33 (1) 43670660, www.lessabotsdemarie.com |
Anfahrt M 8, Haltestelle Faidherbe – Chaligny; M 9, Haltestelle Charonne |
Öffnungszeiten Mo 14–19 Uhr, Di–Sa 10–19 Uhr

100__ Schanabelle

Auch Sophie Marceau

Lust auf eine neue Frisur, einen neuen Look? Heute blond, morgen braun, ohne gleich schneiden oder färben zu müssen?

Durch sämtliche Farbtöne hindurch, ob kurz oder lang: Hier dreht sich alles ums Haar, die Frisur,»la coiffure«, um Perücken also, um Haarteile, Toupets, Schnurrbärte und Augenbrauen aus echtem oder falschem Haar. Am Werk beim Figaro für Haarersatz schlechthin ist ein Profiteam – Hersteller, Erfinder und Verkäufer zugleich.

Mitten im Herzen der »Passage de l'Industrie« im 10. Arrondissement, die bekannt ist für ihre Profihaarsalons, liegt standesgemäß Schanabelle. Tausende von prächtigen Perücken warten darauf, Köpfe zu verschönern, und machen Lust, einfach einmal auszuprobieren.

Inhaberin Virginie hat das Geschäft von ihrem Vater Tony Cheng übernommen. Im Jahr 1968 hatte er es eröffnet, denn damals war das Tragen von Perücken en vogue.»Er kreierte seine eigene Haarkollektion ›romantic‹ und hatte sofort großen Erfolg damit. Eine Perücke muss sich natürlich anfühlen. Die Kopfhaut muss atmen können. Wir haben Haarnetze aus Monofaser entworfen, die sind federleicht, die spüren Sie nicht.« So spricht der Profi. Bei Schanabelle findet man Haarteile mit einfachem Klippverschluss, es werden aber auch Flechttechniken für Haarverlängerungen gezeigt, alles nach Maß. Für Herren und Damen, für Theater und Kino, modern oder klassisch, historisch oder zeitgenössisch. »Bei uns finden Sie den richtigen Look. Wir stellen auch Prothesen und Haarteilersatz her und haben eine große Auswahl an eleganten Turbanen.«

Neben der eigenen Kollektion gibt es hier exklusiv Perücken der Marke Revlon und René of Paris, Haarteilaccessoires, Befestigungsklips, Shampoo, Haarspangen, Bänder und Klemmen. Tausende von Referenzen hat der Laden vorzuweisen; Sophie Marceau und Sharon Stone gehören zur Kundschaft. Denn auch die meinen: Das Leben ist zu kurz für Natur pur.

Adresse 13 Passage de l'Industrie, 75010 Paris, Tel. +33 (1) 42469873, www.perruques-schanabelle.fr, schanabelle@free.fr | **Anfahrt** M 4, 8, 9, Haltestelle Strasbourg – Saint-Denis | **Öffnungszeiten** Mo – Fr 9 – 18.15 Uhr, Sa 9 – 17.30 Uhr

101_ Serendipity

Der glückliche Zufall

Auch das ein Glücksfall: Ganze 200 Quadratmeter Ladenfläche mitten in der Rive Gauche im 6. Arrondissement! Und erst der Blick hinein: die Schaufenster flashy, dunkle Wände, Metallbalken von Gustav Eiffel unter der Decke, Dekoration im Industrielook für die Präsentation von Vintagemöbeln und exklusiven Einzelstücken von jungen Designern – da wird das Kinderzimmer zum modernen Loft.

Hier findet man individuelles Design, Möbel in limitierten Auflagen, Clubsessel aus Filz, aus Naturkorb geflochtene Elefanten, Kühe aus Stofflappen, Werkzeugkisten aus Metall, Regale bestehend aus Skateboards, Metallkleiderschränke, alte hölzerne Schulbänke, mitwachsende Kinderbetten, Teddybären, Sitzkissen in Form von Ballons, Bücher zum Ausmalen und Spielzeug aus der ganzen Welt.

Die Inhaberin Laurence Simoncini ist von der Einzigartigkeit eines jeden Kindes überzeugt und dass sich diese auch in der Einrichtung des Kinderzimmers widerspiegeln sollte. Für ihr eigenes Kind hat sie liebevoll dekoriert und Gebrauchtes mit modernem Design verbunden. Mit ihren vielen Ideen möchte sie andere Mütter inspirieren: »Manchmal findet man durch Zufall ein altes Kinderbettchen, aber gebraucht hätte man einen neuen Schreibtisch – oder umgekehrt. Ich zeige, wie Sie alltägliche Gebrauchsgegenstände den Bedürfnissen Ihres Kindes anpassen und raffiniert kombinieren können.« Der Geschäftsname entstand übrigens in Anlehnung an das persische Märchen von den drei Prinzen. Die drei gehen auf Entdeckungsreise, nach »Serendip«, damals Ceylon, heute Sri Lanka. Serendipity bezeichnet eine zufällige Beobachtung von etwas ursprünglich nicht Gesuchtem, das sich als wahre Entdeckung erweist. Ein glücklicher Zufall, sozusagen. »Bei uns finden Sie genau das, was in Ihrem Kinderzimmer noch gefehlt hat«, weiß Laurence glaubwürdig zu versichern.

Lassen Sie Ihrem Kind und sich doch auch etwas Schönes zufallen.

Adresse 81–83 Rue du Cherche-Midi, 75006 Paris, Tel. +33 (1) 40460115,
www.serendipity.fr, contact@serendipity.fr | **Anfahrt** M 4, Haltestelle Saint-Placide; M 10,
Haltestelle Vaneau | **Öffnungszeiten** Di–Sa 11–19 Uhr

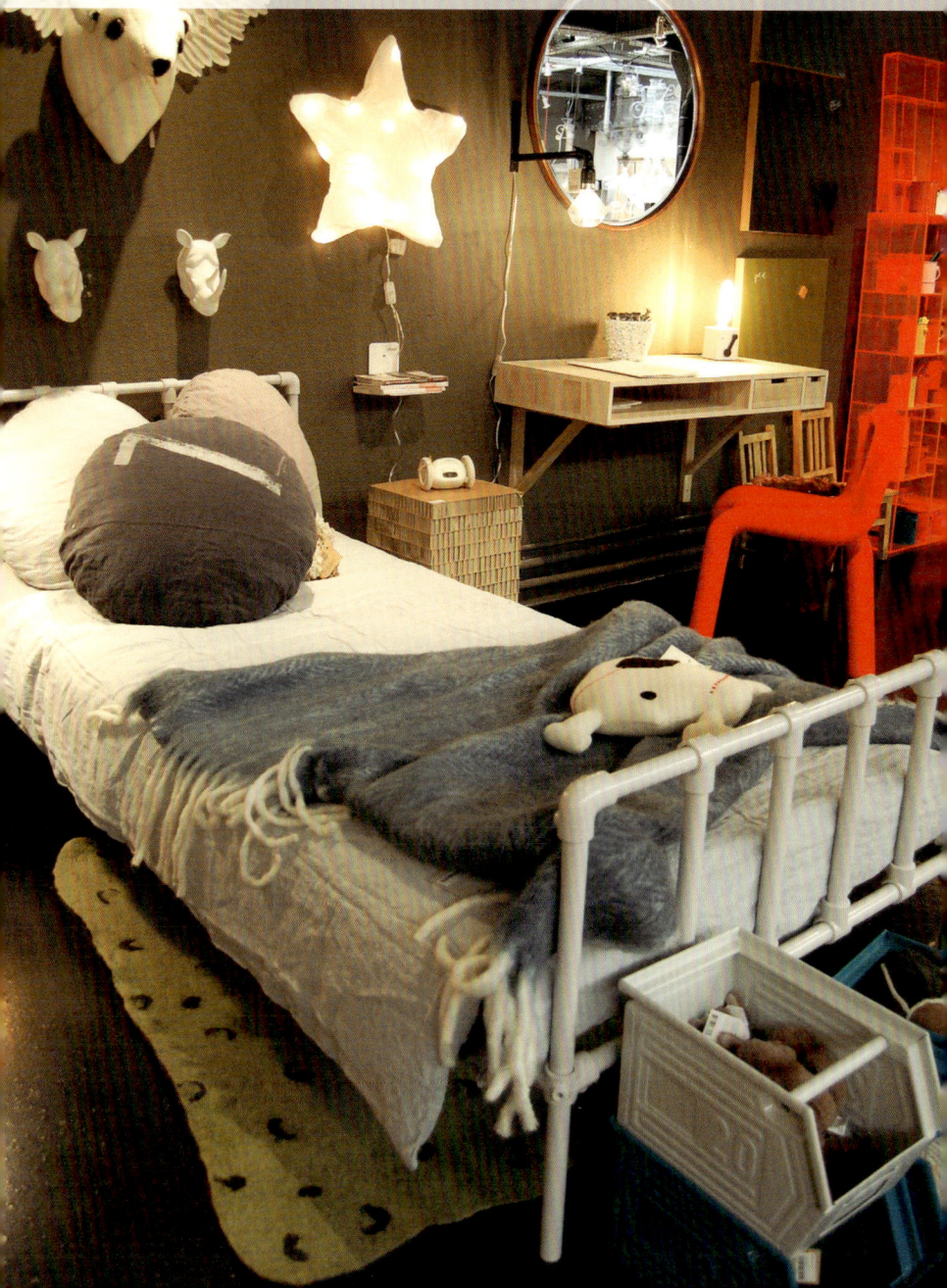

102 Servant

Und die Großen ebenso

Vorneweg ein Warnhinweis: Einmal die Schwelle zum Haus Servant überschritten, bewegen sich Ihre Sinne in gefährlichen Sphären. In Hunderten von Bonbongläsern, aufgestellt in alten Holzregalen mit Verglasung, warten über 60 verschiedene Sorten Bonbons und Lutscher, 80 verschiedene Sorten Schokoladenpralinés, Fruchtgelees, Marzipan- und Mandeldragées darauf, Ihren Gaumen zu verwöhnen. Der herrliche Kakaogeruch steigt in die Nase, erobert das Gehirn ohne Umwege, Widerstand weitgehend zwecklos. Da kann man nicht anders als dahinschmelzen.

Schon von außen ist er verführerisch, dieser Laden im Herzen von Auteuil. »Es ist ja alles so schön bunt hier!«, ruft ein kleiner Junge und drückt sich die Nase am Schaufenster platt. Die Bonbongläser glitzern einem vom Gehsteig aus entgegen, und das seit über 100 Jahren. Dominique Autret und ihre Familie haben Generationen von Kindern in Entzücken versetzt. Staunend stehen sie vor den vielfarbigen Gläsern und träumen davon, alles auf einmal zu vernaschen.

Servant ist ein Meister der Confiserie und legt Wert auf traditionelle Herstellungsweisen. »Wir bemühen uns, ständig neue Rezepturen auszuprobieren, neue Bonbons zu kreieren. Unsere Pralinen werden täglich frisch gemacht. Jede Region in Frankreich hat eine süße Gaumenspezialität. Die Produkte, die wir selber nicht herstellen, beziehen wir von traditionellen Zuckerhandwerkern, die seltene und qualitativ hochwertige Produkte in kleinen Mengen für uns zaubern. So finden Sie bei uns die ›Pâtes de Fruits‹, die ›Négus‹ aus Never, die ›Calissons‹ aus der Provence.« Für Diabetiker werden extra Konfitüren und Leckereien angeboten. Ganze Kollektionen edelster Teesorten warten auf die Teefreunde. Kakaoliebhaber finden Schokoladentäfelchen nach Gewicht, um sich zu Hause mit einem süßen Heißgetränk zu verwöhnen.

Servant serviert, kreiert, macht die Kleinen froh und die Großen ebenso!

LE CONFISEUR D'AUTEUIL

MAIS

SERVANT

SERVANT
LE
CONFISEUR
D'AUTEUIL

CHOCOLATIER

Adresse 30 Rue d'Auteuil, 75016 Paris, Tel. +33 (1) 42884982, www.chocolaterie-servant.com, contact@chocolaterie-servant.com | **Anfahrt** M 9, 10, Haltestelle Michel-Ange Auteuil | **Öffnungszeiten** Mo 14.30–19 Uhr, Di–Sa 10–19 Uhr, So 11–13 Uhr

103___ Shakespeare and Company

Sein oder nicht sein

Let the beat go on!, wäre hier eher die Antwort. Shakespeare and Company ist ein Buchladen ganz im Geiste der Beat-Generation, ein Ort der englischen Literatur mitten im Herzen von Paris. Direkt gegenüber der Notre Dame, in der Rue de la Bûcherie, findet man auf drei Etagen englische Stadtführer, Geschichtslexika, Klassiker, Neuerscheinungen – und mittendrin ein paar alte Betten, Matratzen und Holzbänke.

In Ruhe darf man in alten und neuen Büchern schmökern. »Time is not money!« – so lautet hier die Devise. Hat man kein Geld, dafür aber Talent als Schriftsteller, besteht die Möglichkeit, im Buchladen zu übernachten. Als Gegenleistung wird erwartet, dass man vor Ladenöffnung sein Bett macht, ein Buch pro Tag liest und eine Stunde im Laden hilft: einräumen, sortieren oder Kassendienst.

Shakespeare and Company ist eine unabhängige Buchhandlung und seit jeher ein beliebter Treffpunkt vieler Schriftsteller: Ernest Hemingway, F. Scott Fitzgerald, James Joyce, T. S. Eliot, Allen Ginsberg, Lawrence Ferlinghetti, William S. Burroughs und natürlich Henry Miller waren Stammkunden und haben hier genächtigt; bis dato insgesamt über 40.000 Schlafgäste.

Heutzutage führt Tochter Sylvia Beach Whitman das Unternehmen mit großem Erfolg weiter. Alle zwei Jahre organisiert sie das »FestivalandCo« und versammelt namhafte englischsprachige Autoren aus aller Welt. Ein beliebter Drehort ist der Laden schon lange; zu sehen etwa in der Serie »Highlander« oder in »Midnight in Paris« von Woody Allen. Shakespeare and Company – das ist ein literarisches Lebenskunstwerk, eine lebendige Bücherinstallation, soziale Utopie, geschaffen von seinem Gründer George Whitman.

Ob Shakespeare oder Kollegen … Wie auch immer das Motto lauten mag: Hier ist man Mensch, hier darf man's sein!

Adresse 37 Rue de La Bûcherie, 75005 Paris, Tel. +33 (1) 43254093, www.shakespeareandcompany.com, news@shakespeareandcompany.com | **Anfahrt** M 4, Haltestelle Saint-Michel; M 10, Haltestelle Maubert – Mutalité | **Öffnungszeiten** Mo – Sa 10 – 23 Uhr, So 11 – 23 Uhr

104 Adele Shaw

Schlafen in Gesellschaft

Nicht weit von der Kirche St. Germain schläft es sich auch wie im siebten Himmel: Hier befindet sich das Hauswäsche-Paradies von Adele Shaw mit ihrem edlen »Society«-Sortiment an Bettwäsche, Tischdecken, Servietten, Küchenschürzen, Handtüchern und Bademänteln aus Baumwolle oder Leinen, weich wie Wölkchen, elegant und diskret. Die Farbtöne sind sanft und behaglich, harmonieren auf natürliche Weise, matt, glänzend oder aus Satin, mit oder ohne Seide. »Society« – das sind die anschmiegsamen Deluxe-Stoffe der gleichnamigen Marke; sie werden im italienischen Limonta gewebt. Das Unternehmen existiert seit über 100 Jahren.

»In Limonta sind Experten am Werk, die aus der Haute Couture kommen, die haben Stoffe für Möbel entwickelt und sind seit Großmutters Zeiten auf der Suche nach bester Qualität«, sagt Inhaberin Adele Shaw. Spezialisiert hat sich der italienische Hersteller auf Mikrofasern. Alle Stoffe sind so gewebt, dass sie sich der Körpertemperatur anpassen. Da wird es niemals zu warm oder zu kalt, ideal für die natürliche Transpiration.

Bei Adele Shaw gibt es pro Saison vier neue Farben jeweils passend zu den vergangenen Kollektionen. So kann man kombinieren, nach und nach zusammenstellen und findet auch Jahre später noch geeignete Kopfkissen, Laken oder Tischwäsche als Ergänzung. »Sie können auch nachbestellen oder nach Maß anfertigen lassen. Unsere bügelfreien Stoffe sind sehr beliebt, weil sie so bequem sind und sich der modernen Hausfrau anpassen. Die Stofftaschen da vorne sind eigentlich als Wäschesack gedacht, aber unsere Kundinnen benutzen sie als Strandtasche, weil sie so wunderbar geräumig sind.«

Umhüllt vom italienischen Tuch, das ist Erholung, Entspannung, nicht nur für Körper und Haut. Ob in Bad, Küche oder Schlafzimmer, bei Adele Shaw geht man in guter Gesellschaft ins Bett: So lässt es sich in Morpheus Armen träumen.

Adresse 33 Rue Jacob, 75006 Paris, Tel. +33 (1) 42608072, www.societylimonta.com, adele.shaw75@orange.fr | **Anfahrt** M 4, Haltestelle Saint-Germain-des-Prés | **Öffnungszeiten** Mo − Sa 10.30 − 13.30 Uhr & 14.40 − 19 Uhr

105_ Stohrer

Kuchen eines Königs

Es begann in den Küchen von König Stanislaus I. von Polen. Nicolas Stohrer ging dort in die Lehre und war später der Lieblingsbäcker der Königstochter Maria Leszczyńska. 1725 wurde sie die Frau Ludwig XV., und so folgte Stohrer ihr nach Versailles.1730 eröffnete er seine Pâtisserie in der 51 Rue Montorgeuil im Herzen von Paris; sie ist die älteste Konditorei der Stadt; das Gebäude steht seit 1984 unter Denkmalschutz.

Nicolas Stohrer gilt auch als der Erfinder des beliebten »Baba au rhum«. Das ist ein Hefeteilchen, in Malagawein oder Rum getränkt, mit Safran und Korinthen, frischen Rosinen und Schlagsahne verfeinert. In der polnischen Esskultur wurde dieses Hefegebäck ursprünglich ohne Alkohol und ohne zusätzliche Aromen serviert und so simpel wie Brot verzehrt.

Im Geschmack jedoch soll es dem Schlaraffenland Ali Babas gleichen, einer genussvollen Traumlandschaft wie in Tausendundeiner Nacht. Tatsächlich zergeht es märchenhaft auf der Zunge. Aus aller Herren Länder kommt man in die Rue Montorgeuil, um die Köstlichkeiten mit den Augen zu verschlingen und mit dem Gaumen zu kosten. Selbst die englische Königin Elisabeth II. erliegt diesem Genuss. Während ihres Parisaufenthalts 2004 anlässlich der 100-Jahr-Feier der englisch-französischen Freundschaft vermochte sie nicht darauf zu verzichten, ein Häppchen im Hause Stohrer zu verputzen.

Heutzutage wird die Konditorei von Pierre Liénard und seinem Team geführt und hat nichts von ihrer Kreativität und ihrem Gourmet-Glanz verloren, ganz im Gegenteil. Zwischen Zitronentörtchen, Schokosoufflés, Himbeersahnecakes, raffinierten Teebiskuits, Sahnetörtchen, aber auch salzigen Leckerbissen schlägt das Herz eines jeden Feinschmeckers höher.

Für große Festlichkeiten kann man sich beliefern lassen und auf freundliche Beratung und extrem professionelle Serviceleistung zählen. »Vive la gourmandise!« Denn hier nascht es sich mehr als nur fürstlich.

106 Chantal Thomass

Scharf mit Herz

Es ist das Königreich der Dessous, Strapse und Strümpfe: Schon von außen ist der Palast der Chantal Thomass in der Rue Saint-Honoré eine Augenweide. Die Fassade im Stil von Napoleon III. ist denkmalgeschützt. Wie ein Boudoir ist der Laden mit Bettnischen ausstaffiert und mit rosa Seide gepolstert. An den Wänden hängen Spiegel. Die Möbel sind aus rosa Glas.

Chantal Thomass war die Erste, die ihre Models in heißer Unterwäsche auf den Laufsteg schickte, trotz vehementer Proteste von Feministinnen. Zu einer Zeit, als Frauenunterwäsche eher praktisch sein sollte, entwarf sie die unglaublichsten Seidendessous, versehen mit Spitzen, Schleifchen und Samtmotiven. Sie verhalf dem Büstenhalter und dem Korsett zur Renaissance, machte die »Guêpière« für eine Wespentaille, Strümpfe, Strumpfhalter wieder modern und erfand die Strumpfhose aus reiner Spitze. Das Erfolgsgeheimnis: Unterwäsche wie Oberbekleidung zu behandeln, transparent zu entschleiern oder mit durchsichtiger Spitze zu verdecken.

Die Kundinnen sind hin und weg von der Mischung aus raffinierter Verarbeitung und Tragekomfort auf der Haut. Bei aller provokanten Sexiness sind die Dessous auch lustig oder frech und immer extrem elegant. Jede kommt auf ihre Kosten: »Alles gibt es in verschiedenen Schnitten, sodass man sich für den eigenen Körper die passenden Größen zusammenstellen kann. Jede Frau ist sinnlich, verführerisch und weiblich. Man muss keine ›Objektfrau‹ sein, nur weil man Lust auf Glamour und schöne Wäsche hat. Ganz im Gegenteil: Es hat noch keiner geschadet, sich unverschämt wohl zu fühlen und mit Chic und Leidenschaft verführerisch zu sein.«

Chantal Thomass ist aber nicht nur »frou-frou« und rosa, sondern auch karitativ engagiert. Sie hat Puppen für die UNICEF, ein Tellerservice gegen den Welthunger, ein Ballett-Tutu und Tanzschuhe für Repetto und die UNESCO designt; der Erlös wird gespendet.

Scharf mit Herz »à la Française«!

Adresse 211 Rue Saint-Honoré, 75001 Paris, Tel. +33 (1) 42604056, www.chantalthomass.fr |
Anfahrt M 1, Haltestelle Tuileries; M 7, 14, Haltestelle Pyramides | **Öffnungszeiten**
Mo–Sa 10.30–19.30 Uhr

107__UPLA

Die Angeltaschen

Neben dem Café de Flore in der Rue Saint-Benoît erstreckt sich auf über 300 Quadratmetern der weltweit einzige Atelierladen von Upla. Wie einst in der Factory von Andy Warhol findet man hier Unisextaschen, sogenannte »besaces«, Reise- und Kabinenkoffer wie Kunstwerke präsentiert.

UPLA steht für »Union des produits laitiers et avicoles«, Union für Milch- und Geflügelprodukte. Ihre Anfänge reichen in das Jahr 1973 zurück, in eine Molkerei in Les Halles. Damals trug man Jeans mit Schlag, lange Haare, kleine runde Brillen wie die von Janis Joplin und John Lennon. Die Liebe galt der Natur. Man hatte Lust auf neue Kulturen. In diesem Geist haben drei Freunde mit viel Mut zur Avantgarde ihren ersten Laden eröffnet. »Da gab es selbst gekochte Marmelade, Hollandfahrräder, Handwerkerhosen und selbst gemachte Taschen. Gerade Mädchen und Frauen stürzten sich auf unsere Unisex-Tragetaschen, deren Markenzeichen die Schulterriemen ›du pêcheur‹ – des Anglers – waren. Das bedeutete endlich freie Hände zu haben, viel Platz und viele Fächer, herrlich praktisch. Die ›besaces du pêcheur‹ waren eine Revolution und der absolute Renner«, erzählt der Verkäufer Jean-David. 40 Jahre und 400.000 Anglertaschen später gibt es 25 Modelle in 60 verschiedenen Ausführungen, gestreift, perforiert, mehrfarbig, in Leopardenoder Armeelook, die Tasche »du pêcheur« und das Modell Postbote – »facteur« – sind immer noch darunter.

Moderne Kunst charakterisiert den Laden; ein giftgrüner dreirädriger Lieferwagen dient als Präsentationsobjekt. Wechselnde Ausstellungen, Performances und Künstlerevents machen den Laden zu einem Muss für jeden Modefreak.

Upla trägt man mit Eleganz oder Nonchalance zur Abendgarderobe genauso wie zur Jeans. Diese Marke steht für die Befreiung aus Zwängen und für Gleichberechtigung. Damit keine Frau mehr hilflos an einer Angel hängt, sondern nur noch an ihrer Tasche.

Adresse 5 Rue Saint-Benoît, 75006 Paris, Tel. +33 (1) 40151075, www.upla.fr, elvis@upla.fr | **Anfahrt** M 4, Haltestelle Saint-Germain-des-Prés | **Öffnungszeiten** Mo–Fr 10.30–19 Uhr, Sa 10.30–19.30 Uhr

108__Wait

Die Welle kommt rüber

Zuerst haben sie auf die Sonne gewartet und nun auf die richtige Welle. Weit entfernt vom kalifornischen Beachboy-Image haben sich die beiden Freunde Antoine Locquard und Julien Tual in Sentier in der Nähe des restaurierten Place de la République niedergelassen. Ihre Leidenschaft für das Surfen möchten sie mit Anhängern des Sports teilen.

Wait ist ein Concept Store und genauso ungewöhnlich wie die beiden jungen Gründer. Ihr Geschäft gleicht einer Wohnung: Küche, Büro, Wohnzimmer mit Ausstellungsraum, im hinteren Teil ein Gästezimmer, Kaffee gibt es auch. Im Zentrum der Aufmerksamkeit stehen Surfbretter, Sportkleidung, Schuhe, Rucksäcke, Transporttaschen, T-Shirts, Brillen, Bücher, Graffiti und Kunstdrucke. Einmal im Monat werden Künstler, Sportler und Produzenten eingeladen und deren neue Produkte präsentiert. Die dürfen im Laden getestet, ge- und verkauft werden.

»Weit weg vom Meer? Keineswegs. In nur zwei Stunden ist man in der Normandie. Surfen ist nicht nur ein Sport, das ist ein Lebensgefühl. Im letzten Jahr haben wir einen Campingwagen gemietet und sind mit Freunden nach Irland. Bei eisigem Wind und Wetter sind wir auf den Wellen geritten, haben ein Video zusammen gedreht. Das war fun!« Das typische Hawaii-Klischee von Sonne und Sand liegt den beiden fern. Surfen ist für sie nicht unbedingt ein Sommersport; vielmehr bedeutet es, mit Freunden Spaß zu haben. Voraussetzung ist allerdings eine gute Ausrüstung und intensive Vorbereitung. »Man stellt sich nicht einfach aufs Brett und surft los!«, sagt Antoine Mocquard.

Wait ist nicht nur ein Geschäft für Wasserathleten mit Testosteronüberschuss, hier gibt es auch Frauen- und Kinderartikel. Nicht zu vergessen die Sonnenbrillen aus der Kollektion »Waiting For The Sun«. Die Gestelle sind aus Holz und herrlich leicht zu tragen. Hier ist alles praktisch, unkompliziert und sympathisch, genau wie die Inhaber selbst. Hier wartet man gern!

Adresse 9 Rue Notre Dame de Nazareth, 75003 Paris, Tel. +33 (9) 82528434, www.wait-paris.com | **Anfahrt** M 3, Haltestelle Temple | **Öffnungszeiten** Mo 11–19 Uhr, Di–Fr 10–19 Uhr, Sa 14–19 Uhr

109 Zazoubara

Mein kleiner Finger hat es mir gesagt

Zazoubara steht für einen exotischen, eklektischen, bewussten Lebensstil. Aus dem Fernen Osten, dem Orient oder der direkten Nachbarschaft stammen die wundersamen Dinge, die von Graziella, alias Zazou, und Barbara mit viel ästhetischem Esprit ausgesucht und zusammengestellt werden.

Direkt neben dem Prominentenfriedhof Père Lachaise an der Place Gambetta befindet sich der Basar Zazoubara: ein Arrangement aus Dekorationsobjekten, Schmuck, Papier, Antiquitäten, Kunst und Feinkost. Sogar die kleinste Geldbörse wird fündig und kann sich an einer extravaganten Postkarte mit einem Aphorismus von Jean Zéboulon erfreuen. Auch ein Päckchen Esperanza – »Hoffnungskaffee« – aus der Bio-Rösterei von Bagnolet, ein illustriertes Notizbuch von Francesca Capellini oder ein Ring aus der Kollektion »Mein kleiner Finger hat mir erzählt« kann nicht schaden. Ebenso ist es nicht verboten, bei einem der »Zozos« der Künstlerin Karine Lemery schwach zu werden; ihre burlesken Vogelkreationen sind zu komisch und machen allein beim Anschauen gute Laune. Auch eine Kinderecke darf nicht fehlen. Sie ist voller Spielzeug – teilweise secondhand –, Möbelstücke aus Skandinavien und lustiger »Les Bonnes Têtes«-Puppen von der Griechin Ariane Dionyssopoulos.

Mit der Eröffnung dieses Ladens haben sich die beiden Besitzerinnen selbst eine Freude gemacht. Und diese geben sie weiter. »Wir finden vieles auf unseren Reisen: Saris aus Rajasthan, Tücher aus Kaschmir, Kissen aus Seide«, erzählt Barbara. Aber auch in hiesigen Salons und Ateliers wird nach kreativen Unikaten von jungen Designern Ausschau gehalten. »Manchmal arbeiten wir auch themenbezogen, laden Künstler ein und organisieren Ausstellungen. Ein ›Special‹ ist unser wöchentlicher Bio-Einkaufswagen mit frischem Gemüse, Obst, Kaffee und Schokolade. All das macht Spaß, ist kreativ und nah am Leben. Wir tun uns was Gutes und geben es weiter!«

Adresse 13 Avenue du Père Lachaise, 75020 Paris, Tel. +33 (1) 46360820, www.zazoubara.com, contact@zazoubara.com | **Anfahrt** M 3, Haltestelle Gambetta | **Öffnungszeiten** Di – Sa 11–19.30 Uhr, So 12–19.30 Uhr

110__ZEIT Paris Berlin

Dreamed in Berlin – Made in Paris

So springt es einem aus dem Schaufenster entgegen; Cécile Zeitoun heißt die deutsch-französische Stylistin dahinter. Sie ist jung und dynamisch, genau wie ihre Mode: ethisch korrekt, Prêt-à-porter, erschwinglich. Aufgewachsen zwischen Paris und Berlin hat sie das Handwerk im Atelier Bütsch in Montreuil gelernt, direkt von Rosalie de la Place, ihrerseits dereinst Meisterschneiderin von Christian Lacroix.

Cécile erzählt von ihrem Werdegang: »Ich bin Autodidaktin, mein Großvater war Hemdenschneider, meine Mutter Malerin. Selber schneidern wollte ich schon von klein auf. Rosalie de la Place bin ich sehr dankbar. Sie war eine echte Bereicherung für mich. Von ihr habe ich gelernt, was ein Stoff ist, wie man ihn modelliert. Ein Kleidungsstück muss eine einfache Linie und Form haben. Wenn es gut geschnitten ist, tritt es in den Hintergrund, dann sieht man die Frau, die es trägt. Und genau so soll es sei, die Frau soll glänzen.«

Die Stoffe, die Cécile Zeitoun verwendet, kommen aus großen Modehäusern wie Kenzo oder Sonia Rykiel und sind die Restballen vergangener Kollektionen: Kaschmir, Seide, Samt und Spitzen, edle Materialien. »Gute Qualität zu verhältnismäßig günstigen Preisen ist mir wichtig. Lieber weniger daran verdienen, aber gut verkaufen.« Ihr Konzept geht auf. Inzwischen hat sie neun Mitarbeiter. Das ist beachtlich, vergegenwärtigt man sich die bescheidenen Anfänge: »Das waren private Verkäufe im engsten Kreis, meistens endete es mit einer Fete. Heute kenne ich bei Verkaufsveranstaltungen meiner eigenen Kollektion nicht einmal die Hälfte der Kundschaft. Ich habe noch nie Werbung gemacht, habe auch keine Agentin. Heutzutage spricht man von ›ZEIT‹ in Medien wie ›Die Welt‹ und ›Glamour‹.«

Ihre eigene Zeit wird manchmal knapp zwischen Berlin und Paris, aber mit so viel Talent und Energie, da werden alle Träume wahr, auch die in Berlin geträumten und in Paris verwirklichten.

Adresse 70 Rue des Martyrs, 75009 Paris, Tel. +33 (6) 59731432, www.zeitparisberlin.com |
Anfahrt M 2, 12, Haltestelle Pigalle; M 2, Haltestelle Anvers | **Öffnungszeiten** Di – So
12 – 20 Uhr

111 Emmanuelle Zysman
Zigeunerblut

Sie suchen einen Verlobungs- oder Hochzeitsring, einen Talisman oder möchten nur den geerbten Familienschmuck überarbeiten lassen nach dem Motto: Ein neues Leben für einen Stein? Bei Emmanuelle Zysman sind Sie an der goldrichtigen Adresse.

Direkt gegenüber dem Cabaret Chez Michou liegt das Ateliergeschäft in der Rue de Martyrs mitten im Herzen des Montmartre. »Diamonds are a girl's best friend« steht auf dem Schaufenster geschrieben. Ein Flirt aus Eleganz und feurigem Esprit. Kaum hat man die Türschwelle überschritten, dringen Geräusche aus der Werkstatt ans Ohr; es wird geschliffen, poliert, gebürstet, gefeilt oder gebohrt. Ein Schmuckstück muss gebraucht aussehen, das ist hier so gewollt.

»Patina lässt Silber oder Gold – besetzt mit einer indischen Perle, einem Smaragd, Saphir oder Diamanten – noch viel wertvoller aussehen. Als wäre das Stück bei einer Ausgrabung gefunden worden, ein ganz besonderer Schatz, wie von einer afghanischen oder persischen Prinzessin – für Sie im Hier und Jetzt kreiert, als Glücksbringer und positive Energie im grauen Alltag.« So eine Angestellte.

In erster Linie werden Ringe, Ketten und Armbänder für Damen hergestellt. Aber auch die Herren der Schöpfung kommen auf ihre Kosten. Auch sie können Diamanten tragen. Aber: »Der Stein muss vorher bearbeitet werden, damit er schwarz und matt wird. Am besten kommt er montiert in einem groben Rohmetall zur Geltung, das ist so viril und einzigartig wie der, der ihn trägt. Manche Schmuckstücke begleiten unsere Kunden ein ganzes Leben lang.« Davon ist man bei Emmanuelle Zysman überzeugt.

Mit sehr viel Sorgfalt werden die Glücksbringer und Schätze unter Glas und in Vitrinen präsentiert. Trotz der edlen Steine sind viele Ringe federleicht und hauchdünn. Magisch ist die Dekoration mit Sonnenspiegeln, Büchern und Poesie. Emmanuelle Zysman ist Prinzessin und Zigeunerin durch und durch – sie hat es im Blut.

Adresse 81 Rue des Martyrs, 75018 Paris, Tel. +33 (1) 42520100, www.emmanuellezysman.fr |
Anfahrt M 12, Haltestelle Abbesses; M 2, 12, Haltestelle Pigalle | Öffnungszeiten Mo – Sa
11–19 Uhr

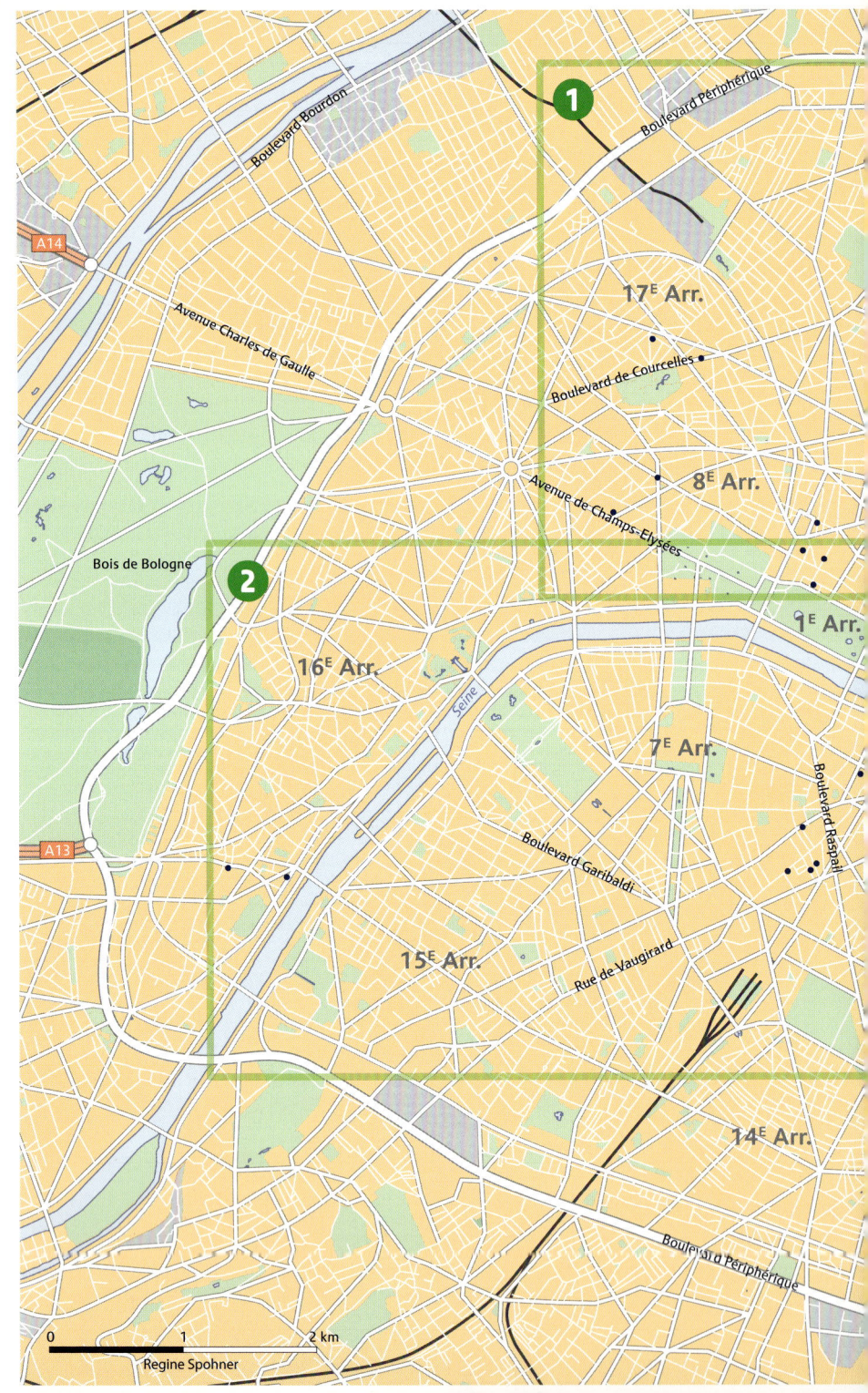

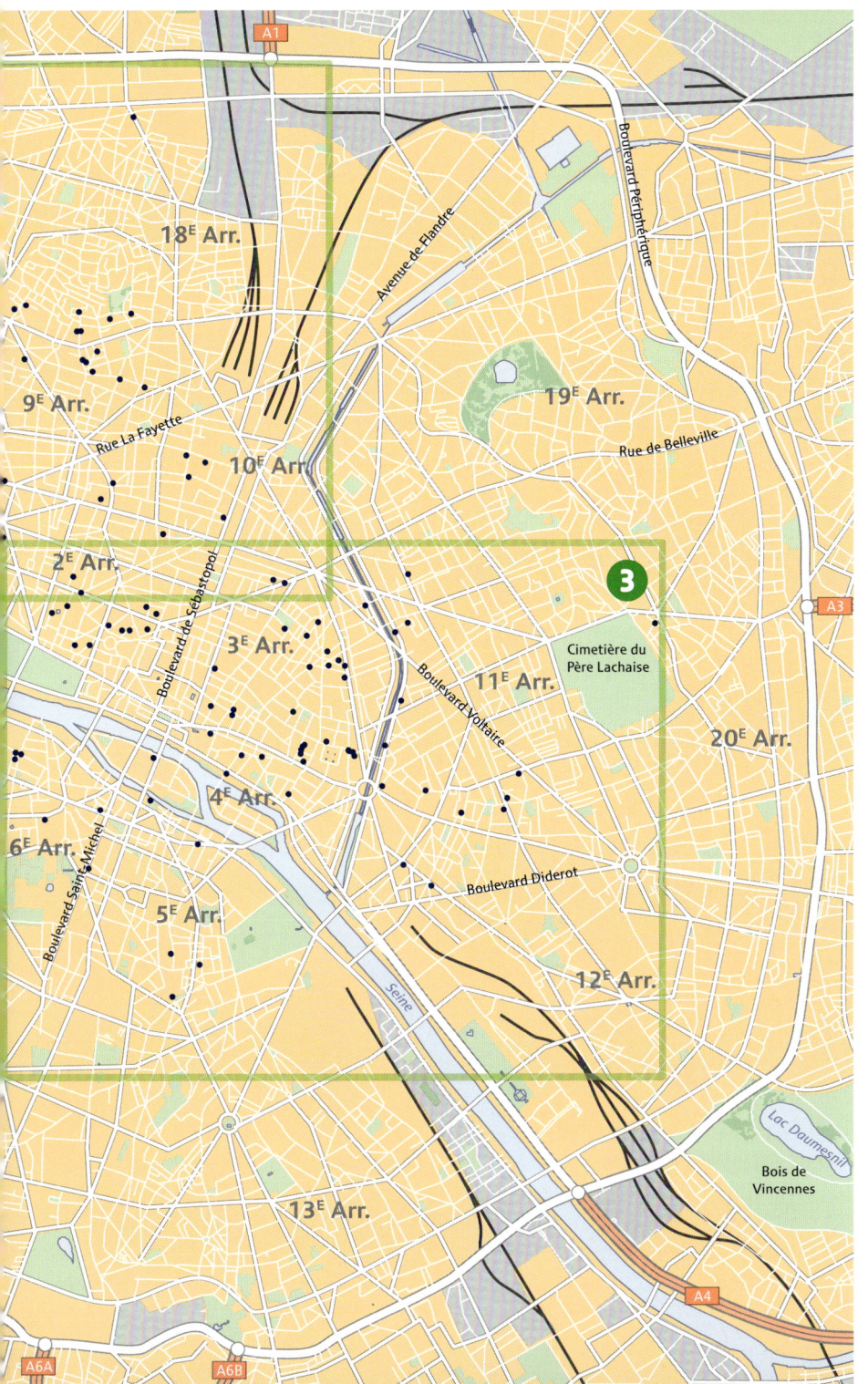

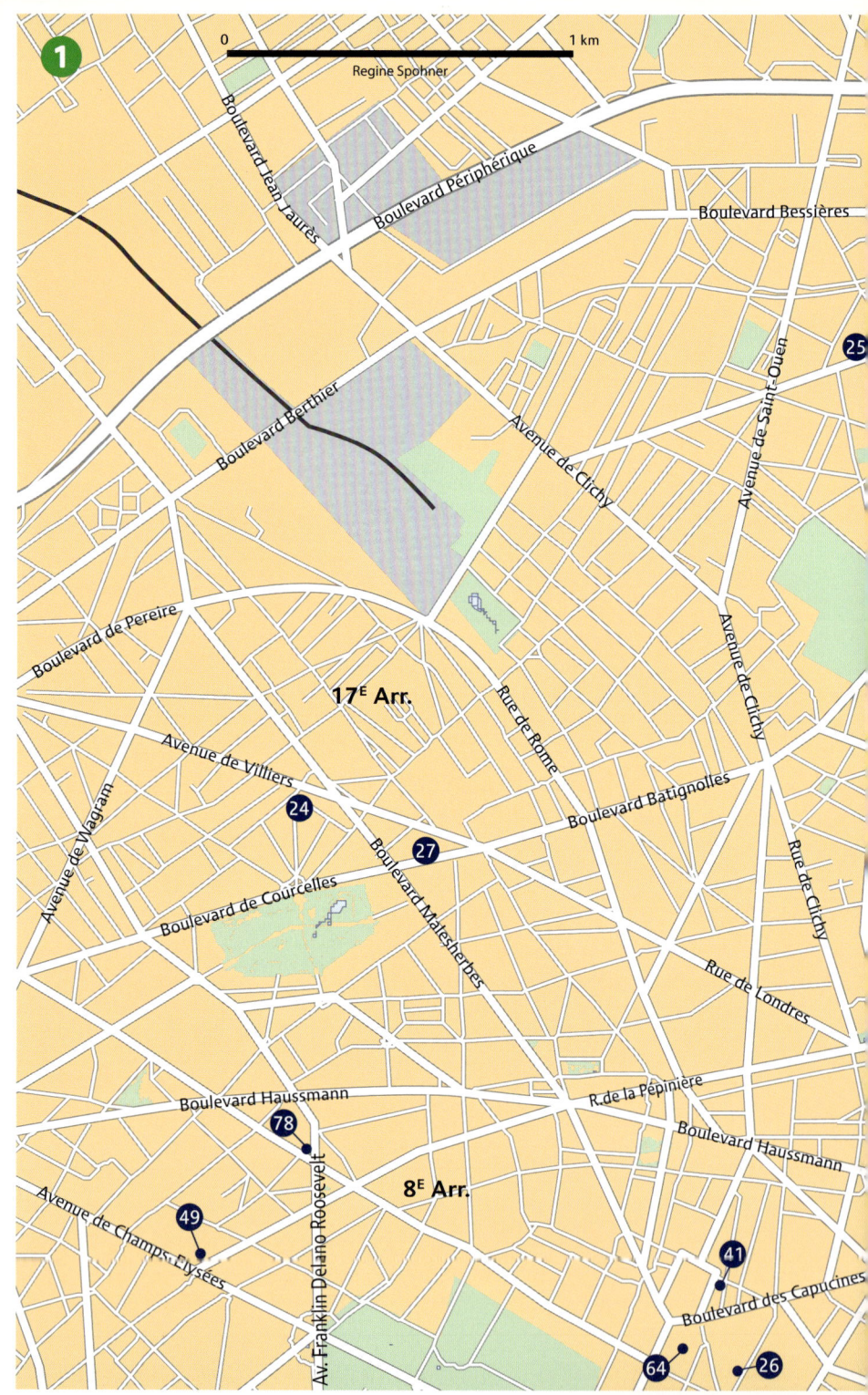

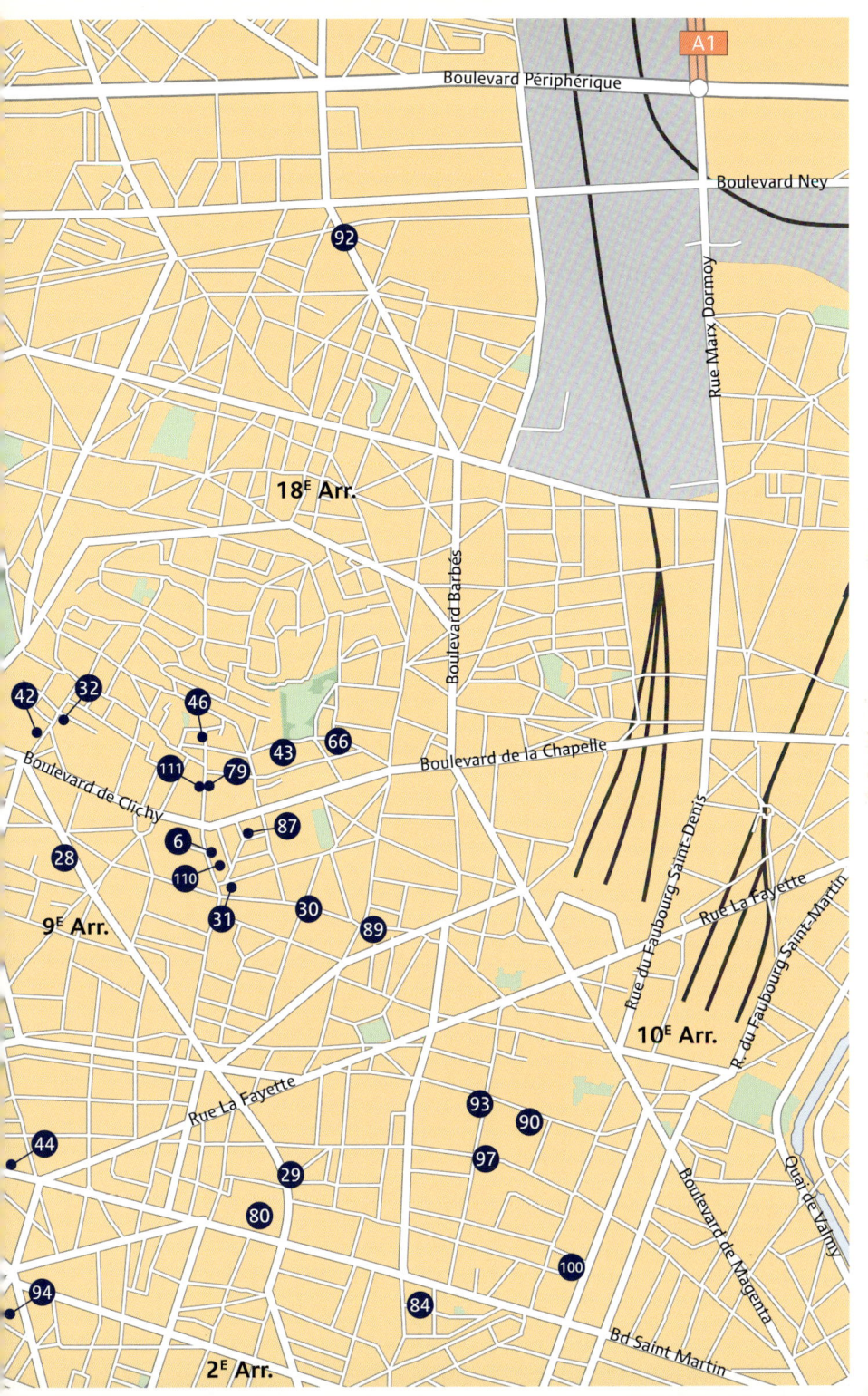

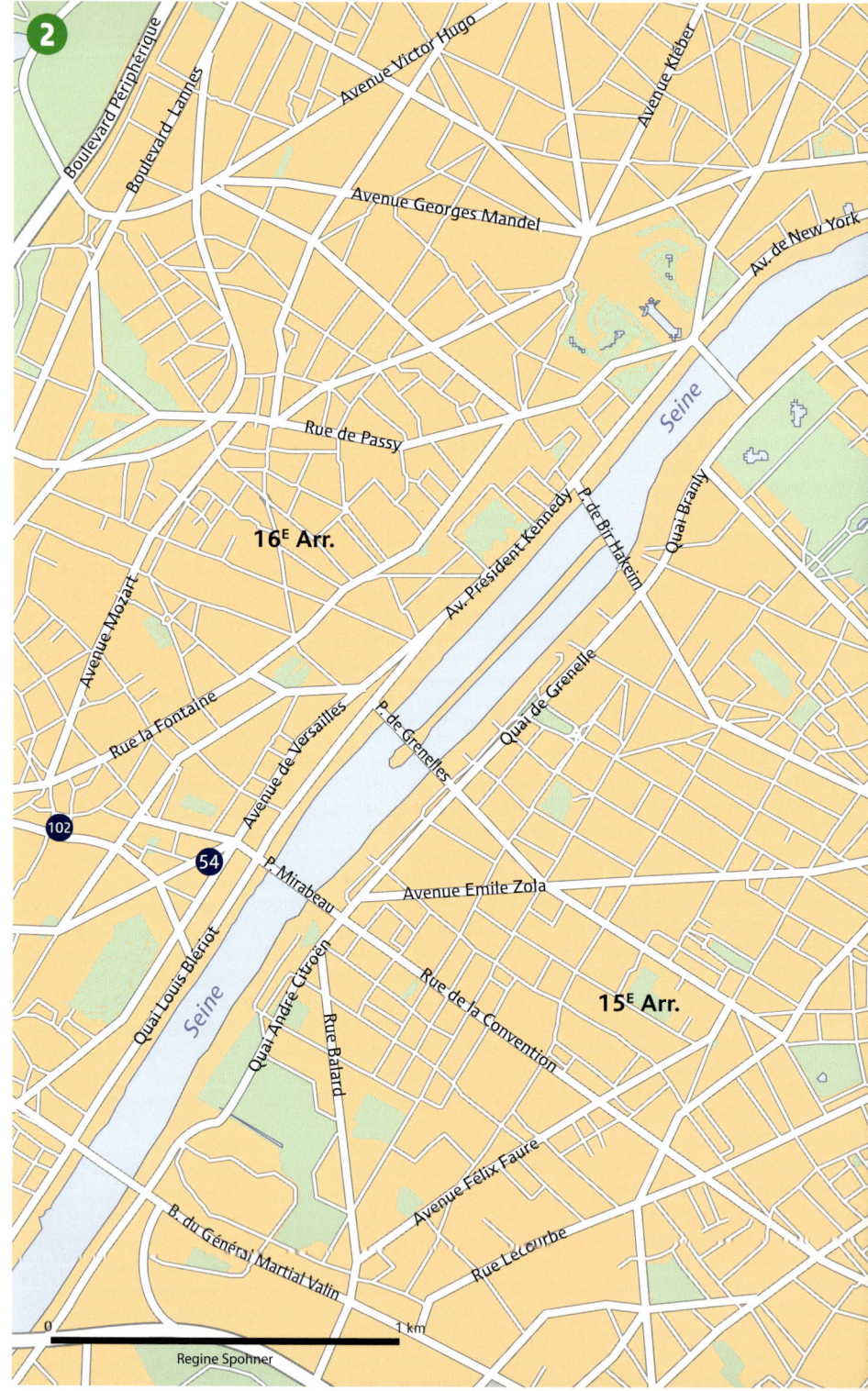

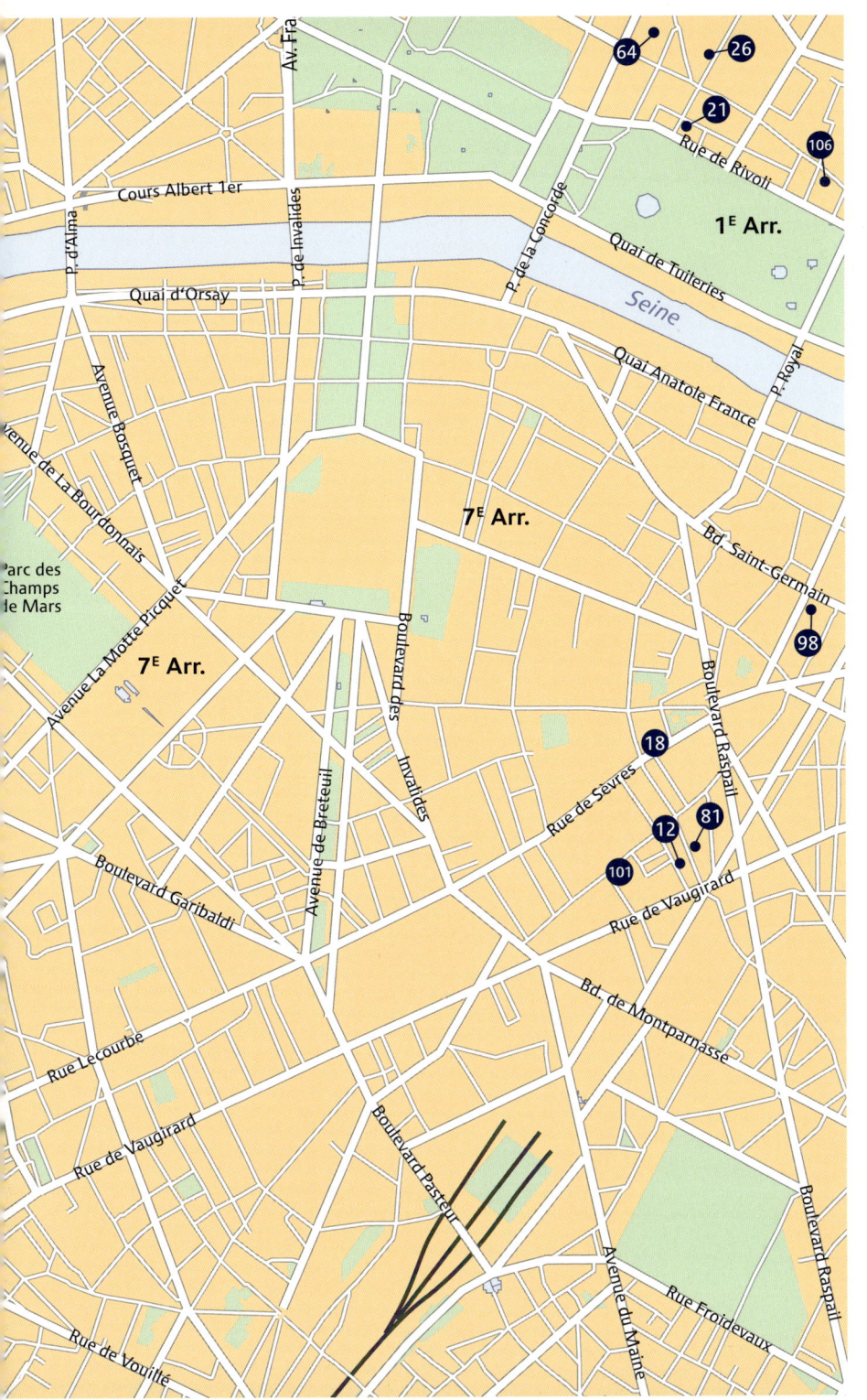

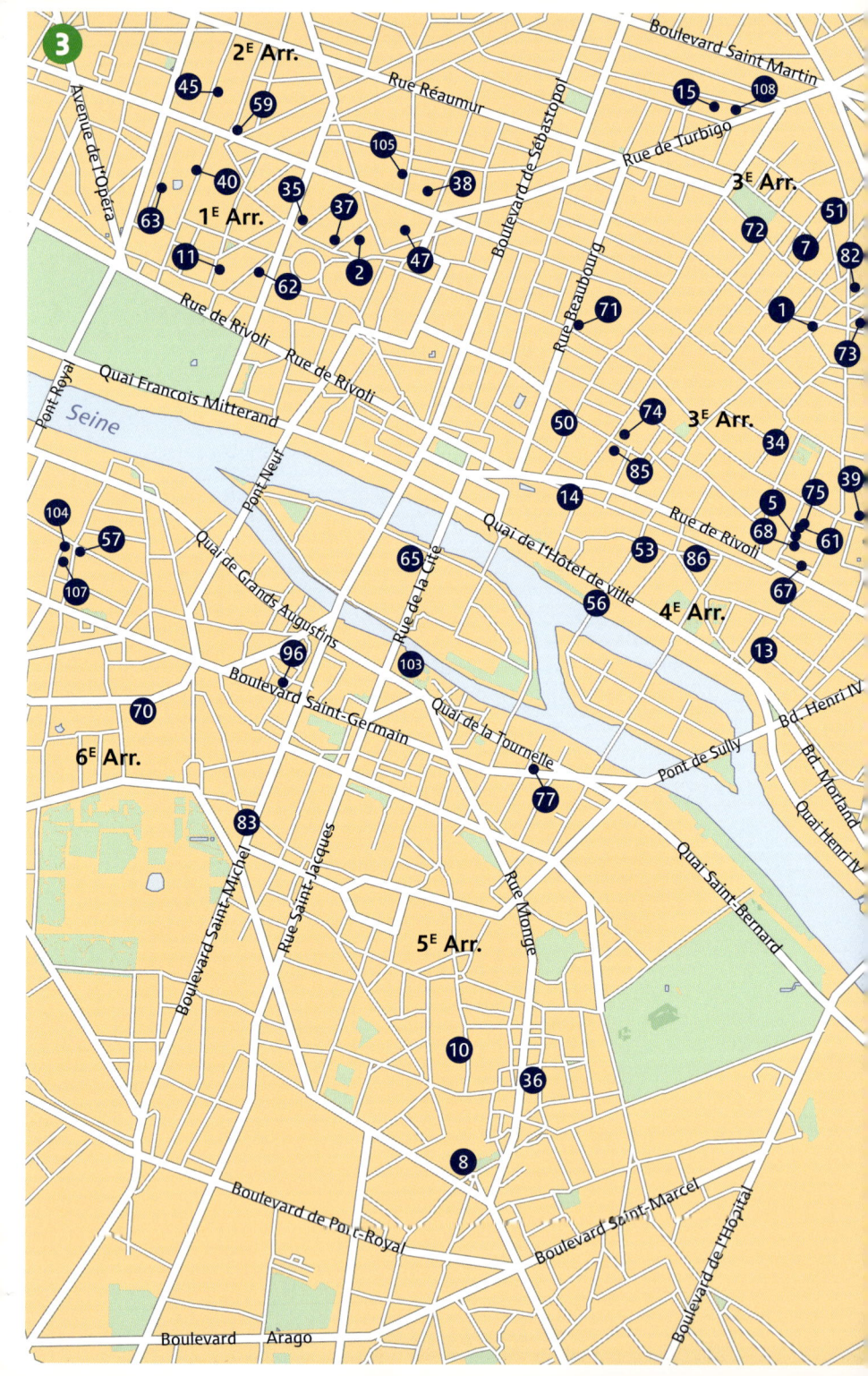

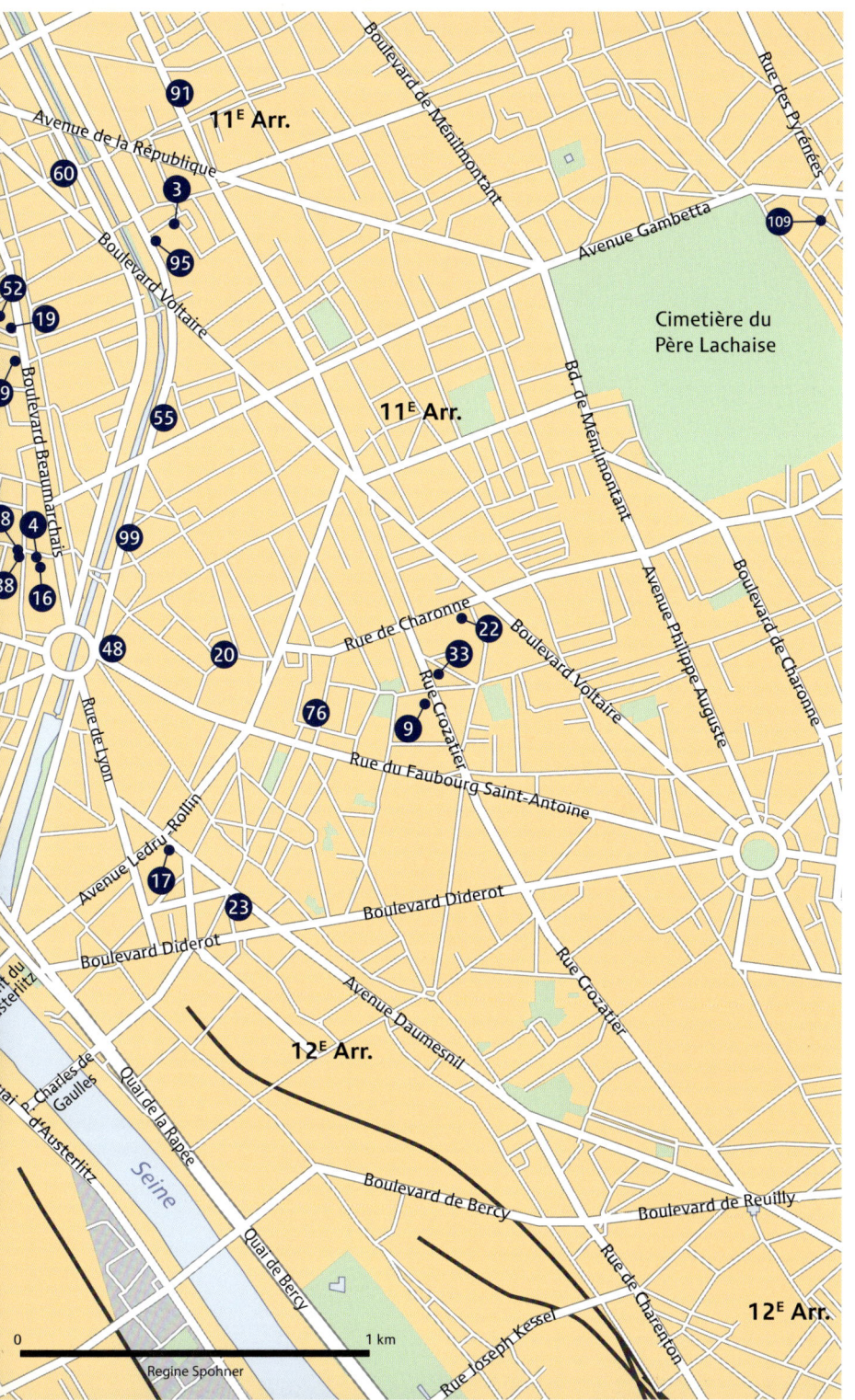

11E Arr.

Avenue de la République

Boulevard de Ménilmontant

Rue des Pyrénées

Avenue Gambetta

Cimetière du
Père Lachaise

Boulevard Voltaire

11E Arr.

Bd. de Ménilmontant

Avenue Philippe Auguste

Boulevard de Charonne

Boulevard Beaumarchais

Rue de Charonne

Boulevard Voltaire

Rue Crozatier

Rue de Lyon

Rue du Faubourg Saint-Antoine

Avenue Ledru-Rollin

Boulevard Diderot

Boulevard Diderot

Avenue Daumesnil

Rue Crozatier

12E Arr.

Port du
Austerlitz

P.-Charles de
Gaulles

Quai de la Rapée

Seine

Boulevard de Bercy

Boulevard de Reuilly

Quai de Bercy

Rue de Charenton

12E Arr.

Rue Joseph Kessel

0   1 km

Regine Spohner

Die Autorin

Dagmar Sippel studierte in Kassel Freie Kunst und Fotografie. Nach einem Stipendium blieb sie in Paris, wo sie heute noch lebt. Sie arbeitete viele Jahre als Stadtführerin. Ihre fotografischen Arbeiten sind heute in Museen und Kunstgalerien präsent.